JEAN DE LA POULAINE

Par l'énergie et le travail

DIX ANNÉES D'UNE VIE

PARIS

LIBRAIRIE PLON

PLON-NOURRIT et Cⁱᵉ, IMPRIMEURS-ÉDITEURS

8, RUE GARANCIÈRE — 6ᵉ

1913

Tous droits réservés

Par l'énergie
et le travail

DIX ANNÉES D'UNE VIE

PARIS. TYP. PLON-NOURRIT ET Cⁱᵉ, 8, RUE GARANCIÈRE. — 1892.

JEAN DE LA POULAINE

Par l'énergie
et le travail

DIX ANNÉES D'UNE VIE

PARIS

LIBRAIRIE PLON
PLON-NOURRIT et Cie, IMPRIMEURS-ÉDITEURS
8, RUE GARANCIÈRE — 6e

1913

Pourquoi ce livre?

Si vous désirez le savoir, cher lecteur, lisez ce volume.

Alors, si vous avez quelque perspicacité, ce dont je ne doute nullement, vous verrez que l'auteur n'a pas écrit pour vous dire s'il a les yeux bleus ou gris, s'il porte la moustache ou la barbe, s'il a le teint frais ou basané. Il sait d'ailleurs que vous ne tenez nullement à connaître un homme qui cache sa personnalité sous un pseudonyme.

Si l'auteur raconte dix années d'une vie peu banale, c'est donc qu'il a cru, qu'il croit encore que cette existence humaine fournit de grands enseignements, en montrant comment un jeune homme de dix-huit ans, bien élevé, selon les idées du jour s'entend, c'est-à-dire dorloté, choyé, en un mot gâté par une éducation fausse, par un amour maternel exagéré, par une vie trop heureuse, sut, malgré tout, se débrouiller, devenir un homme et un homme qui a joué un certain rôle dans le monde. C'est aussi que l'auteur s'est rappelé qu'il n'y a pas d'individu dont la vie soit entièrement dépourvue d'intérêt, pas d'homme dont l'expérience ne puisse nous fournir des faits utiles à connaître, ou dont la vie ne contienne de grands enseignements.

C'est aussi, c'est surtout qu'il s'est souvenu que toujours l'homme est le frère de l'homme.

DIX ANNÉES D'UNE VIE

I

C'était en 1867, pendant les vacances de Pâques. J'avais encore plusieurs jours à passer à la maison et, étant alors dans ma dix-huitième année, mon avenir était toujours la grande question. On avait choisi pour moi la carrière militaire ; malheureusement, mes goûts ne s'arrangeaient pas de cela. Je voulais être marin, et, l'année précédente, j'avais insisté auprès de ma famille pour être autorisé à me présenter au concours de l'École navale. Cette autorisation m'avait été refusée et à la rentrée des classes, en octobre, on m'avait fait passer dans la classe des Saint-Cyriens. Tout cela était fort bien, et ma famille me voyait déjà avec le pantalon à bandes bleues et le plumet tricolore, et l'on ne parlait que du Saint-Cyrien, en herbe. Toutes les fois que je venais à la maison, c'est-à-dire tous les dimanches, — ma famille habitait alors Paris et j'étais à l'Institution Massin, — il n'était question que de Saint-Cyr, et l'École navale était enterrée à jamais. On ne se doutait pas que Saint-Cyr l'était aussi.

Mon père ne se prononçait guère. A vrai dire, il n'avait de préférence marquée ni pour la marine, ni pour l'armée. Il s'était fait une belle position dans l'industrie, et il aurait voulu faire de moi un ingénieur. Malheureusement ma mère avait un goût prononcé pour les brillants uniformes. Cela lui rappelait sans doute le temps où elle avait connu mon père, alors qu'il était à la veille de passer officier aux grenadiers de la garde à cheval de Charles X. Et puis nous connaissions beaucoup d'officiers de la garnison de Paris, et tous les dimanches il nous en arrivait toujours deux ou trois.

* *
*

Les vacances finies, je rentrai à l'Institution, et il fut décidé, avec M. Lesage, qui en était alors directeur, que je prendrais part au prochain concours de Saint-Cyr. Peu après je fus inscrit comme candidat à l'École militaire. Quelques jours plus tard, la visite médicale eut lieu, et je n'eus garde d'y manquer. Je fus reconnu apte au service militaire.

Ici j'ouvre une parenthèse nécessaire à l'intelligence de ce qui va suivre. Du jour où ma famille avait condamné l'École navale, moi, j'avais condamné Saint-Cyr, et je m'étais dit : « Tu ne seras jamais Saint-Cyrien et tu n'essaieras jamais de l'être. »

Alors pourquoi me rendre à la visite

médicale? Mes idées avaient-elles donc changé? Nullement. Si je m'étais laissé inscrire, c'est que j'entrevoyais un petit congé, peut-être même plus d'un, et je voulais en profiter. La visite médicale avait lieu rue de Grenelle-Saint-Germain, près des Invalides, et l'Institution Massin, aujourd'hui disparue, était à l'autre bout de Paris, près de la place des Vosges, nommée alors place Royale; c'était donc une après-midi de liberté, et les congés, rares encore aujourd'hui, l'étaient bien plus alors. C'était donc autant de pris sur l'ennemi. Le concours de Saint-Cyr s'ouvrit quelques semaines plus tard. Je devais subir l'examen écrit au Luxembourg, dans l'Orangerie. Cet examen m'inquiétait fort peu d'ailleurs, ayant décidé depuis longtemps de ne pas m'y rendre. Au jour fixé je partis avec les autres candidats, mais, arrivé à la place de la Sorbonne, je tournai à gauche et allai frapper à la porte d'un ancien condisciple, alors étudiant en médecine. Il était encore au lit. Je lui proposai d'aller passer une journée fort agréable à Robinson — il faisait un temps superbe — et cette perspective le fit sauter à bas du lit.

Nous déjeunâmes ensemble et, après le déjeuner, nous partîmes en fort bonne compagnie pendant que mes camarades s'escrimaient sur une épure de géométrie descriptive. Nous rentrâmes à Paris vers neuf heures du soir et j'arrivai à l'Institution comme dix heures sonnaient. Les camarades étaient rentrés depuis longtemps, et l'excellent M. Lesage, mis au fait de mon absence, m'attendait dans son bureau.

L'entrevue fut pénible car j'aimais beaucoup M. Lesage. Il me demanda compte de ma journée. Je lui répondis avec la plus grande franchise, sans toutefois entrer dans de longs détails, et je terminai ma confession en lui avouant que je n'avais jamais eu l'intention de me présenter à l'examen.

Je reçus une verte semonce et allai me coucher.

Je dormis comme un bienheureux, sans songer le moins du monde à la tempête qui allait se déchaîner sur ma tête.

*
* *

Le lendemain j'eus des regrets : des regrets de voir mes camarades partir sans moi.

Vers deux heures de l'après-midi je fus mandé au parloir. J'y trouvai mon père et ma mère. Je fais grâce au lecteur de leurs reproches. Je croyais mes parents dans leur tort. Je m'imaginais être la victime d'une petite ambition, assez inoffensive, il est vrai, mais enfin d'une ambition peu sage, et je le leur dis. Si quelqu'un devait être blâmé, c'étaient eux et non pas moi. Je suis encore de cet avis aujourd'hui, aussi n'ai-je pas forcé mes fils à embrasser des carrières contre leur gré.

*
* *

Les grandes vacances arrivèrent et je quittai l'Institution Massin pour n'y retourner jamais. Ma détermination étant irrévocable, Saint-Cyr fut enterré à tout jamais et l'on décida de me mettre dans le commerce. Cela ne me chagrina nullement et j'acceptai cette perspective avec plaisir, en y mettant pour seule condition de n'être pas employé de bureau. Mes parents furent charmés de mon bon vouloir. Ils crurent y voir du repentir, et ma mère — elle me l'a dit plus tard — s'imaginait que quelques mois passés dans les affaires me mettraient du plomb dans la tête, et que je serais probablement très heureux de reprendre bientôt mes études interrompues, en vue du concours annuel pour Saint-Cyr. J'étais, en effet, loin de la limite d'âge. Ces espérances furent déçues.

Sur la recommandation de mon père, j'entrai, quelques semaines plus tard, dans un important établissement métallurgique des Ardennes. J'y passai deux mois à me mettre un peu au courant de la fabrication, puis les directeurs m'envoyèrent en tournée avec leur plus vieux voyageur, afin de visiter la clientèle de l'Ouest et du Centre.

Je partis en voyage en novembre et allai de ville en ville, mois après mois, sans plus penser à Saint-Cyr qu'au Grand Turc. Cette tournée finie, nous allâmes en Belgique, puis dans le Luxembourg, d'où nous passâmes en Suisse. J'étais heureux comme un roi heureux, et puis j'aimais mon mentor. C'était un excellent homme, ce vieux voyageur, et un homme de beaucoup de sens. Jamais personne n'a eu plus d'influence sur moi. Tout ce qu'il voulait je le faisais et je cherchais même à anticiper ses désirs. C'est qu'il savait me tenir en main sans me faire sentir le mors. Et puis, malgré une différence de quarante années dans nos âges, il y avait entre nous un lien commun.

Tout enfant j'avais eu beaucoup de goût pour les arts, surtout pour le dessin et la peinture, et mon Mentor était de même. Jamais il n'avait passé dans une ville sans en visiter les curiosités artistiques. Pour ne pas faire tort à sa maison des heures consacrées à l'art, il se levait toujours de grand matin et allait peu ou point au café. Aussi le temps ne lui manquait jamais, soit pour faire ses affaires, soit pour visiter les musées ou les monuments. Dans les longs jours nous quittions souvent l'hôtel avant cinq heures du matin, pour aller voir des sites curieux ou pour faire des esquisses.

Dans l'intervalle de mes tournées je fis une ou deux visites à mes parents et leur apportai des masses d'esquisses au crayon et à la plume. Une nouvelle idée s'était emparée de moi : je voulais me consacrer à l'art. De telles dispositions d'esprit ne pouvaient s'accorder bien longtemps avec les choses essentiellement pratiques du commerce. Nous étions alors arrivés au mois de juin 1868 et je devais faire mon premier voyage tout seul. Je me mis en route pour le Jura, les Vosges, la Franche-Comté et la Suisse. Je laisse à penser si les sites enchanteurs de ces provinces m'intéressèrent plus que les clients. Plus d'une fois j'oubliai ces derniers complétement. Chose étrange, je ne fis pas de trop mauvaises affaires pendant cette tournée. Le point d'honneur, il est vrai, m'aiguillonnait sans cesse, et je donnais de forts coups de collier pour rattraper le temps perdu et pour gagner à peu près mes 2 400 francs d'appointements et les douze francs de frais de voyages qui m'étaient alloués quotidiennement. L'art me talonnait sans cesse. Mes instances auprès de ma famille devinrent si pressantes, mes promesses si ferventes qu'on se décida à m'accorder une année pour étudier la peinture à l'École des Beaux-Arts, si toutefois je pouvais m'y faire admettre.

Je quittai donc le commerce un an après y être entré, et depuis cette époque je n'ai jamais eu l'occasion d'y rentrer. Cette année passée dans les affaires fut pour moi une excellente école. Elle m'initia au monde, elle me donna des habitudes d'ordre et de méthode qui m'ont été de la plus grande utilité dans la vie. J'acquis en même temps une masse de connaissances techniques qui m'ont permis de remplir plus tard des fonctions pour lesquelles il est absolument nécessaire de posséder des connaissances métallurgiques d'un ordre spécial. C'était aussi l'époque des grandes transformations des flottes européennes et du maté-

riel de leur artillerie, et j'eus maintes fois
l'occasion d'assister à des expériences de tir
sur les blindages, au polygone de Gâvres,
près Lorient. Cela m'ouvrit aussi les portes
des arsenaux de Brest, de Cherbourg et
Lorient.

J'arrivai à Paris vers la fin de septembre
1868 et dès le lendemain j'allai voir M. Ca-
banel, dont l'atelier était place Pigalle, et lui
demandai de m'admettre dans son atelier de
l'École des Beaux-Arts, si toutefois il me
jugeait de force à profiter de ses leçons.

Il avait alors un si grand nombre d'élèves
qu'il ne put se rendre à mon désir.

Il examina néanmoins les académies dont
j'étais porteur, et il me fit dessiner, séance
tenante, un torse qui se trouvait dans son
atelier. Mon dessin lui plut et il me donna

un mot pour M. Pils, dont l'atelier n'était pas fort éloigné du sien. M. Pils me reçut fort bien, m'encouragea, mais lui aussi avait beaucoup d'élèves et ne pouvait m'admettre immédiatement dans son atelier des Beaux-Arts. Il ajouta que la première place vacante me serait réservée et « en attendant, me dit-il, je vais vous faire autoriser à travailler au musée de l'École et j'examinerai moi-même votre travail ». Il me tint si bien parole que l'année suivante, et malgré mon absence de Paris, il me fit envoyer une carte d'élève de son atelier, carte que je possède encore.

Deux jours plus tard, ayant reçu mon autorisation, je commençai à travailler au musée de l'École des Beaux-Arts.

Avant de partir pour Paris, un ami de mon père, artiste assez connu, m'avait donné une lettre de recommandation pour M. Corot.

Je m'installai d'abord à Paris, y louai un atelier au numéro 17, quai Saint-Michel, et allai me loger à l'hôtel du Périgord, place de la Sorbonne. Huit jours après, je songeai à remettre ma lettre d'introduction à M. Corot. J'arrivai au Faubourg Poissonnière — c'est là qu'était son atelier — vers trois heures de l'après-midi. Je montai chez lui et sonnai. L'artiste vint m'ouvrir la porte lui-même. Je le saluai et lui remis ma lettre, mais, voyant deux dames dans l'atelier, je voulus me retirer. Il ne me le permit pas. Il me fit entrer, m'approcha une chaise en me disant qu'il serait à moi dans quelques instants. Il retourna auprès des deux dames, l'une une élégante Parisienne de vingt-cinq à vingt-six ans, l'autre beaucoup plus âgée. Cette dernière, que je devais revoir souvent, était la sœur de l'artiste.

L'air bienveillant de Corot, ses manières

affables, son regard pur et franc, sa belle tête ornée d'une superbe chevelure blanche, son front haut et développé et, par-dessus tout cela, cet air de bonhomie empreint sur toute sa physionomie, firent sur moi une impression que quarante-cinq années n'ont pu faire disparaître. En attendant que Corot pût s'occuper de moi, je jetai un coup d'œil sur cet atelier, d'où sont sortis tant de chefs-d'œuvre. C'était tout simplement une modeste pièce de cinq à six mètres de longueur, sur quatre au plus de largeur, et recevant la lumière par un vitrage pratiqué dans le plafond. On ne voyait dans cet atelier ni objets de grande valeur, ni meubles de prix, ni tentures de soie et d'or, ni tous ces riens si coûteux étalés aujourd'hui à profusion dans les ateliers des peintres à la mode.

A l'extrémité d'un petit couloir s'ouvrait la porte de l'atelier, dans l'atelier même. Cette porte venait battre contre un mur où était accrochée une grande toile sans cadre représentant un coucher de soleil. Ce couloir formait une encoignure dans l'atelier. Là, était le chevalet du maître. Du même côté se trouvait un bureau fort ordinaire, et, à côté, une table sur laquelle étaient éparpillés des crayons. Cette table était dans le coin de gauche et c'était sur elle que j'allais bientôt travailler. Les quelques autres meubles étaient tous fort simples, sauf un. C'était une sorte de console assez jolie sur laquelle était tout un arsenal de fumeurs : des pipes en racine de bruyère, un plateau pour mettre les cendres, un grand pot à tabac et un porte-allumettes. Sur cette console une pipe à peine commencée fumait encore. Évidemment, le maître l'avait posée là à l'entrée de sa visiteuse. Corot était grand fumeur.

Un quart d'heure après mon arrivée, la jeune dame s'en alla, accompagnée de la sœur de l'artiste, et je restai seul avec

Corot, qui me mit tout de suite à l'aise. Il m'adressa plusieurs questions, me demanda des nouvelles de son ami, et s'enquit de mes désirs.

« Devenir votre élève, voilà ce que je voudrais, lui dis-je, si toutefois vous me jugez digne de cet honneur. » Il examina alors mes dessins et un petit paysage à l'huile et parut satisfait. Il m'invita à venir à son atelier le dimanche suivant, à neuf heures du matin, et me recommanda de lui apporter quelques études faites récemment à l'École des Beaux-Arts. Je le remerciai et pris congé de lui.

Corot avait alors de soixante-douze à soixante-treize ans, mais était loin de paraître aussi âgé, tant il était alerte et vigoureux. C'était un homme d'une bonne taille moyenne, aux larges épaules, à la poitrine puissante et au cou de taureau. Ma visite me charma et dès lors je vouai à Corot une amitié sincère et durable, aussi vive aujourd'hui au fond de mon cœur qu'elle le devint bientôt après cette première entrevue.

* * *

Le dimanche suivant, à neuf heures, je sonnai de nouveau à la porte de l'atelier et reçus l'ordre d'entrer. Mon digne maitre était au travail, et l'odeur du tabac disait assez qu'il n'en était pas à sa première pipe. Il finissait alors sa *Danse de nymphes*, celle du Louvre, que je ne revois jamais sans émotion. Il cessa son travail et se mit à examiner mes nouvelles études. C'était d'abord une grisaille de la tête de Jules César et puis un Milon de Crotone au fusain. J'eus le bonheur d'être favorablement accueilli et d'apprendre que désormais j'étais élève de Corot.

Désirant connaitre les conditions qu'il allait m'imposer, je le questionnai et en reçus cette réponse : « Mon jeune ami, je n'ai jamais rien fait payer à qui que ce soit pour être mon élève et je ne vais certainement pas commencer par vous, qui serez probablement le dernier. Si vous êtes content de moi, vous me donnerez une pipe de racine de bruyère tous les trois mois; une pipe toute simple, comme celle-ci par exemple — c'était une pipe de quarante ou cinquante sous — et voilà tout. » Je remerciai Corot, cet excellent homme, ce type des vieux maîtres, et à partir de ce jour j'allai travailler chez lui régulièrement deux fois par semaine et souvent aussi le dimanche, de neuf heures à midi.

Jamais je n'ai connu de plus grand fumeur que Corot. Sa pipe ne le quittait pas, et il n'en avait pas plus tôt fini une qu'il en allumait une autre. S'il était très absorbé par son travail, il continuait souvent de tirer comme si sa pipe n'était pas éteinte depuis longtemps. Quand je remarquais cela, je me donnais le plaisir de lui bourrer une de celles qui étaient sur la console, puis je la lui apportais avec les allumettes. Il ne se faisait pas prier pour l'allumer, et il me récompensait toujours d'un sourire et d'une parole aimable.

Tel était Corot : c'est-à-dire un homme simple, modeste, affable et sans le moindre pédantisme. Depuis que ce peintre-poëte n'existe plus, on lui a mis dans la bouche une foule de choses qu'il n'a jamais dites. On en a fait un homme à systèmes, un pédant, une sorte de cuistre qui veut se faire passer pour un oracle. Rien n'est plus loin de la vérité. Corot était beaucoup trop artiste, bien trop modeste aussi, pour dog-matiser sur son art. Ce qu'il voulait, c'était que l'artiste cherchât à faire ressentir au spectateur regardant ses tableaux les mêmes émotions qu'il avait ressenties lui-même en présence de la nature. Il n'était pas de ceux qui prétendent qu'il faut expliquer les œuvres d'art pour les goûter. Il voulait que l'œuvre d'art fût assez belle pour faire naître en nous certaines émotions. Il avait compris, comme l'ont compris, et comme le comprennent tous les vrais artistes, qu'un tableau, ou un morceau de musique, qui nous laissent froids ne valent pas la peine qu'on s'en occupe : l'art vrai doit être son propre interprète.

J'ai souvent entendu dire que Corot travaillait très vivement et qu'il attachait peu d'importance au dessin. C'est tout le contraire qu'il faudrait dire. Il travaillait très lentement et était l'esclave du dessin. Lui-même dessinait admirablement et avec beaucoup de finesse. Il parlait souvent des excellentes leçons reçues de Michallon, son maître. Jamais je ne travaillais chez lui sans commencer par copier une de ses esquisses, généralement une vue d'Italie, et il fallait tout y mettre et ne pas manquer d'indiquer soigneusement la perspective aérienne par le crayon. Jamais je n'ai reçu de meilleures leçons.

Environ trois semaines après mon entrée dans son atelier, il m'invita à l'accompagner à Barbizon le dimanche suivant. J'acceptai de grand cœur et allai avec lui à Fontainebleau, puis à Barbizon, où je vis pour la première et la dernière fois de ma vie François Millet, Jacques et Diaz. Ce dernier, si je ne me trompe, avait une jambe de bois, dont il faisait grand usage dans la conversation pour souligner ses phrases. Si j'ai bonne mémoire, nous dînâmes chez Jacques, dans sa jolie petite maison de Barbizon. Jacques était un homme charmant. Ce jour-là je causai longuement avec Millet et notre conversation roula, non sur l'art et la peinture, mais sur son pays natal que moi seul connaissais, sur la vie des paysans en général, et surtout des paysans de la Manche.

*
* *

Pendant plusieurs mois je travaillai, tantôt à l'École des Beaux-Arts, tantôt chez Corot, et si ma famille eût toujours habité Paris, rien ne serait venu interrompre le cours de mes études artistiques. Je ne serais probablement pas devenu un artiste de grand mérite, mais je pouvais toujours espérer faire un peintre passable. Le sort ne le voulut pas.

J'étais seul à Paris et j'avais trois cents francs par mois. C'était princier à cette époque. Personne ne s'occupait de moi, à

Paris, sauf un vieil ami de mon père qui s'était chargé de me donner mon argent tous les quinze jours. Je fus donc mon maître et c'en fut un mauvais. N'ayant absolument rien à débourser, excepté pour ma nourriture et le loyer de mon atelier, l'argent de poche ne me manquait pas, aussi eus-je de nombreux amis. Peu à peu je fréquentai moins assidûment l'École des Beaux-Arts. Je m'abouchai aussi avec des étudiants qui étudiaient surtout la politique du jour dans une certaine brasserie du boulevard Montparnasse. De là à devenir membre d'un club supposé clandestin il n'y avait qu'un pas, et ce pas je le fis. Les réformateurs du club étaient fort au courant des doctrines de la propriété en commun et, en bons frères, ils regardèrent ma bourse comme la leur : aussi les cent cinquante francs de ma quinzaine atteignirent-ils à peine le 9 ou le 10 du mois. Une visite à mon correspondant devint nécessaire pour

contracter un emprunt. Il me fit quelques
remontrances, auxquelles je répondis en
lui affirmant que je me rattraperais à la
quinzaine suivante. Il se prit à rire. « Mon
jeune ami, me dit-il, quand on est en train
de faire des dettes on ne s'arrête plus.
Voilà les vingt francs dont tu as besoin, et
si tu n'en as pas assez, tu trouveras toujours un couvert pour toi à ma table. »
Vingt francs c'était peu, mais il fallut s'en
contenter. Il fallut aussi les rendre quelques
jours plus tard, et ma quinzaine fut dimi-
nuée d'autant. Les petites dettes s'accumu-
laient de mois en mois, et je commençais à
avoir recours aux expédients. Le jour de
l'an arriva et se passa sans encombre, et
en grande liesse, ayant reçu mon argent le
matin même, plus une pièce de vingt francs
d'étrennes. Or, cette semaine du jour de
l'an est désastreuse lorsqu'on a de nombreux amis pour qui on paye toujours. Je
fis si bon usage des premiers jours de

l'année 1869 que le matin des Rois j'en étais réduit à deux pièces de cent sous. Le pis, c'est que j'avais invité les camarades à dîner avec moi, ce soir-là, chez Vachette. Je songeai à me procurer de l'argent mais la chose était peu facile, les quelques objets de valeur que je possédais naguère ayant été confiés depuis quelques semaines à une excellente *tante* qui n'eût jamais consenti à s'en dessaisir pour l'amour de moi. J'avais bien encore deux petits paysages dont je pouvais tirer partie chez un marchand de tableaux de la rue de Seine, pour qui j'en fabriquais, mais le prix qu'il m'en donnait d'habitude ne me permettait pas d'anticiper qu'il serait plus généreux cette fois. J'allai trouver le *Grand César*, le marchand d'habits de la rue de l'École-de-Médecine, et lui proposai un emprunt. Il refusa. Je pris alors une résolution héroïque, qui ne pouvait manquer de m'élever au-dessus du niveau des jeunes gens vulgaires : celle de donner à dîner à mes amis et d'envoyer la carte à payer à mon correspondant. Voulant jouir tout de suite de mon héroïsme, j'eus soins de développer mon plan à mes admirateurs. Ils applaudirent et ne m'épargnèrent point leurs louanges intéressées.

Vers cinq heures du soir nous nous trouvâmes au café de la *Jeune France*, alors fréquenté par l'élite du quartier latin et qui, après avoir été transformé en taverne, est aujourd'hui un vulgaire restaurant où l'on déjeune pour vingt-cinq sous.

Nous montâmes au premier.

La soirée commença mal.

Ici, je dois ouvrir une autre parenthèse pour dire que depuis deux mois environ on m'avait surnommé *Goliath*. Ce nom, suffi- samment explicite en soi, me dispensera de dire à quelle occasion il m'avait été donné. Ce nom je le méritais doublement alors, et par la solidité de mes muscles, et par un caractère très bon enfant. Ce nom me mettait dans l'obligation de faire voir que j'en étais toujours digne, et comme un homme fort aime toujours à se prouver que ses muscles sont en bon état, l'idée me vint de soulever un des billards du café, comme je l'avais fait maintes fois. Soit que le malheureux billard — je le revois en ce moment comme s'il était devant moi — eût été soulevé trop de fois, soit qu'il eût besoin de réparation, je ne le sais, mais ce qui est certain c'est que, lorsque je l'eus soulevé et élevé à la hauteur d'un demi-mètre environ, le montant de bois me resta dans les mains, et le billard retomba lourdement sur le plancher avec un fracas épouvantable. Les globes des lustres du rez-de-chaussée tombèrent sur les tables de marbre, où ils se brisèrent en

éclats, et les consommateurs, heureusement
peu nombreux à cette heure, sortirent pré-
cipitamment du café, croyant à un effron-
drement complet de la maison. En un instant, une foule énorme envahit le trottoir,
les sergents de ville survinrent, et M. Flory,
patron de l'établissement, monta aussitôt.
Moi j'étais stupéfait. M. Flory n'était pas
content, et il me dit qu'il faudrait payer les
dégâts, après expertise faite par un archi-
tecte. Comme il me connaissait de vieille
date, il ne fut pas question de police, et je
me plais à reconnaître qu'il fut beaucoup
plus aimable en cette circonstance que je
ne l'eusse été moi-même. Son joli plafond
peint était fendu en plusieurs endroits, et il
était à craindre que les dégâts intérieurs ne
fussent considérables. Heureusement pour
moi, la maison était bien bâtie et l'expertise
me fut beaucoup plus favorable que je n'avais
lieu de m'y attendre : aussi la note que paya
plus tard mon père ne fut-elle pas trop grosse

*
* *

Un quart d'heure après ce joli tour de force, nous quittions le café pour aller faire une promenade en attendant l'heure du dîner fixé pour six heures et demie, car on dînait alors de bonne heure à Paris.

A cette heure nous montâmes chez Vachette, où nous fîmes un excellent dîner. A vrai dire, je ne m'amusai guère, l'affaire du billard et la perspective du quart d'heure de Rabelais ne contribuant pas beaucoup à me rendre joyeux.

Le dîner fini, je demandai l'addition. Elle se montait à soixante et quelques francs. Je dis alors au garçon de m'apporter de quoi écrire, et j'envoyai une lettre avec l'addition à l'ami de mon père. Il demeurait tout près de là. Je le priai de remettre le montant au brave commissionnaire et d'y joindre quelque chose pour le garçon. En attendant le résultat de cette belle équipée, nous continuâmes à fumer nos londrès et à déguster de la chartreuse verte.

* * *

Une demi-heure à peine s'était écoulée, lorsque mon auvergnat entra... suivi de mon correspondant! Ce dernier alla droit au garçon, lui paya la note sans me rien dire, donna quelque chose au commissionnaire. Il vint alors vers moi, qui me tenais droit comme un cierge et qui ne fumais plus, puis, m'appelant par mon petit nom : « Partons », dit-il. Il ajouta quelques mots peu flatteurs pour mes camarades, qui ne soufflèrent mot.

Nous sortîmes.

Je sentis alors tout ce qu'il y avait de répréhensible et de sot dans ma conduite, et voulus m'excuser et faire preuve de repentir, mais mon correspondant ne me le permit pas, et, prenant la parole : « Tiens, dit-il, tu es un bon garçon mais un grand enfant, tu te laisses berner par des gaillards beaucoup plus âgés que toi, qui vivent à tes dépens, en se moquant de toi. Tu es fort, casse-leur les os ; c'est ce que tu peux faire de mieux. Je vois que tu as regret de ce que tu as fait. N'en parlons plus. Tiens, voilà cent sous, retourne chez toi, va te coucher, et viens dîner avec moi demain, et surtout n'y manque pas. »

Sur ce, il me laissa en plan et s'en alla chez lui.

J'étais mortifié et peiné de m'être conduit si cavalièrement avec un homme alors âgé de près de soixante ans et qui avait toujours eu les plus grands égards pour moi.

Je m'acheminai tout pensif vers le quartier latin, rentrai chez moi et me couchai, bien qu'il ne fût pas encore dix heures du soir. Pareille chose ne m'était pas arrivée depuis bien longtemps. Le lendemain matin, de bonne heure, je me rendis à mon atelier du quai Saint-Michel et y travaillai jusqu'à l'heure d'aller à l'École des Beaux-Arts. Après l'école, je retournai à mon atelier, et vers cinq heures du soir je partis pour aller chez mon correspondant. Sauf les étudiants de l'école, personne ne m'avait vu ce jour-là. Je m'attendais à recevoir une verte semonce, lorsque je passai le seuil de la porte de mon vieil ami. Il n'en fut rien. Il avait trop de bon sens pour s'étendre longuement sur une escapade. Je passai avec lui une soirée fort agréable, et lorsque je le quittai, ce fut avec quelque argent en poche.

⁂

Le lendemain je repris mon travail avec une nouvelle ardeur et, pour ne pas être interrompu, je résolus d'aller demeurer dans mon atelier, vaste pièce avec un cabinet de plus petites dimensions à côté. Mes préparatifs furent bientôt faits, et le jour même, je louai un petit lit de camp et les quelques autres objets nécessaires, quittai l'hôtel du Périgord et allai coucher au quai Saint-Michel.

*
* *

Malheureusement, je ne pouvais cacher ma retraite pendant bien longtemps et puis, si j'étais fort désireux d'abandonner les camarades, eux n'avaient pas les mêmes raisons de ne plus chercher à me voir. Aussi, quelques jours plus tard, quatre d'entre eux vinrent me rendre visite l'après-midi. Cette visite se prolongea jusqu'à l'heure du dîner. Ils m'invitèrent, ce fut la seule fois de leur vie ; il est vrai que j'avais

refusé d'aller dîner avec eux, sous le prétexte que j'étais complètement *à sec*.

Après le dîner, on résolut d'être sérieux
et on alla au club. J'avais la langue assez
bien pendue et je pris la parole. Ce soir-là,
j'eus le malheur de me surpasser. L'Empire
commençait alors à tirer à sa fin, mais rien
ne faisait prévoir que cette fin fût si proche.
L'Empire n'était plus populaire, il est vrai,
et Rochefort était en ce mois de janvier 1869
dans toute la plénitude de sa popularité.
Gustave Flourens était l'idole de la jeunesse
turbulente et peu réfléchie du quartier des
Écoles. Le club auquel j'appartenais s'ins-
pirait de ses idées, et plusieurs fois il nous
fit des visites et fit passer son enthousiasme
de sectaire dans nos jeunes âmes. Il m'avait
remarqué dès sa première visite et j'étais
fier de cette distinction. Je crois qu'il s'était
dit : « Voilà un gaillard taillé pour faire
de l'ouvrage dans une bagarre » et puis il
m'avait vu manier le sabre avec beaucoup

de dextérité, grâce aux sept ou huit années
de salle que j'avais eues. Il fut enfin décidé
de tenter quelque chose pour le renverse-
ment du gouvernement d'alors. Ce quelque
chose ce n'était rien moins qu'une émeute!

Quand je me reporte à cette époque,
aujourd'hui que quarante-cinq années de
plus pèsent sur mes épaules, je souris
en songeant à la simplicité des quelques
hommes mûrs qui dirigeaient notre club.
Il fallait être simple, en effet, pour s'ima-
giner qu'une bande de jeunes gens, sans
convictions arrêtées, sans lien entre eux,
allait faire une révolution, abattre un
empire et fonder une république. Enfin,
ayant décidé, dans leur haute sagesse, qu'il
y aurait émeute, émeute il y eut.

Un soir, ce devait être à la fin de janvier
ou au commencement de février, nous

reçûmes l'ordre formel de nous transporter rue Saint-Denis et d'y organiser l'émeute. Nous partîmes, pleins de feu et d'enthousiasme. Nous étions cinq! C'était peu pour faire une émeute, mais assez pour faire du tapage. J'avais l'honneur insigne d'être le chef des émeutiers — des émeutiers pour rire. J'avoue que je n'avais même pas songé aux conséquences de ce que nous allions entreprendre. Tout ce que je voyais, c'était la chance de faire du bruit et d'échanger quelques horions avec les agents de la force publique. D'autres membres de notre club devaient opérer simultanément sur d'autres points de la capitale : preuve de l'ineptie de ceux qui nous dirigeaient et qui, n'ayant que peu de monde à leur service, commençaient par diviser leurs forces, au lieu de les concentrer. Nous partîmes tous, pleins de feu et d'enthousiasme, et moi sans me douter que c'était la dernière soirée que j'allais passer à Paris de longtemps.

Pour nous reconnaitre, nous portions des bérets rouges, ce qui avait aussi l'insigne avantage de nous rendre fort remarquables et de nous signaler immédiatement à l'attention des agents de la police parisienne. Arrivés rue Saint-Denis, nous fîmes une station chez un marchand de vin où se trouvaient plusieurs ouvriers. Il fut question pendant un instant de leur parler de nos intentions, mais je fis observer à mes camarades qu'en agissant ainsi nous courions le risque de donner l'éveil à la police. En sortant de chez le marchand de vin nous remontâmes la rue Saint-Denis en chantant le *Mourir pour la patrie*, puis *le Sire de Framboisi* et enfin *la Marseillaise*, chansons alors séditieuses. Nous avions à peine fait deux cents pas qu'un de mes braves se prit de peur et m'informa que les mouchards nous suivaient. Je répondis avec dignité et comme il convient à un chef : « Eh bien, s'ils nous suivent, c'est que nous les précédons ! » Cette preuve de grandeur d'âme donna du courage à mon camarade, et il jura sur l'heure de vaincre ou de mourir pour la république. Il n'est pas le seul qui n'a pas tenu son serment.

Nous continuâmes à remonter la rue Saint-Denis, suivis de quelques gamins et d'une dizaine d'ouvriers. Nous recommençâmes alors à vociférer *la Marseillaise*. En quelques minutes la rue fut encombrée d'une foule compacte se demandant probablement de quoi il s'agissait. Je crus le moment venu. « Citoyens, dis-je, en agitant mon béret rouge au-dessus de ma tête, citoyens, vive la République, à bas l'Empire, mort au tyran ! » Un cri de *Vive la République* s'éleva de deux cents poitrines, puis un ouvrier à barbe blanche se fraya un chemin à travers la foule et vint m'embrasser en criant : « Vivent les étudiants ! »

Pauvre vieux, il avait combattu, disait-il,

en février 1848 et pendant les terribles *Journées de Juin*. Sur ces entrefaites un omnibus arriva; mais la foule qui allait toujours grossissant était devenue si compacte qu'il dut s'arrêter. Aussitôt on se mit à dételer les chevaux et on pria les voyageurs de descendre car on se disposait à renverser l'omnibus et à dépaver la rue. Avant de pouvoir mettre ce noble projet à exécution, des pas cadencés se firent entendre. C'était une troupe de sergents de ville arrivant au pas gymnastique, l'épée au clair. Ce qui eut lieu alors défie toute description. Un cri, un seul cri de peur panique, s'éleva de cette foule et, en un clin d'œil, la rue devint aussi déserte que si une trappe immense se fût ouverte sous les pieds de la foule. Deux de mes camarades, le vieil ouvrier de 1848 et moi, nous fûmes les seuls qui restâmes sur le terrain. Les sergents de ville passèrent tout près de nous en se divisant en deux colonnes à cause

de l'omnibus qui leur barrait en partie le
chemin, puis ils disparurent bientôt dans
la nuit. Quelques rares individus qui ne
couraient pas aussi bien que les autres, et
quelques badauds aussi furent bousculés et
renversés, mais personne n'eut grand mal.
On fit plusieurs arrestations. L'officier de
paix qui passa près de nous ne nous regarda
même pas. Le cocher de l'omnibus remit
en maugréant ses chevaux à sa voiture et
repartit. Bientôt la rue Saint-Denis reprit
sa physionomie accoutumée.

Pendant que ces choses se passaient,
nous étions restés à peu près à la même
place. Nous nous décidâmes enfin à reprendre le chemin des boulevards. Le vieil
ouvrier me suivait de près et jurait qu'il ne
me quitterait qu'à ma porte. Chemin fai-

sant, il me raconta une partie de sa vie.

Il avait près de soixante ans, disait-il, et avait participé à presque tous les mouvements populaires depuis 1830. Il avait été blessé plusieurs fois pendant les émeutes du règne de Louis-Philippe et avait failli être passé par les armes en juin 1848. Il connaissait toutes les prisons de Paris pour y avoir été détenu après les époques de troubles. En un mot, c'était un convaincu.

Arrivé à la porte de la maison que j'habitais, je voulus lui offrir quelque chose, mais je ne pus réussir à lui faire accepter la moindre bagatelle. Mes deux amis, qui avaient marché derrière nous pendant tout le temps, me quittèrent aussi après m'avoir souhaité le bonsoir. Jamais je ne les ai revus. L'un d'eux mourut pendant le siège de Paris; l'autre, Clovis Briant, au lieu de continuer à faire de la gravure, se jeta à corps perdu dans la Commune et fut fusillé pendant l'insurrection.

*
* *

Une fois seul dans mon atelier, je me mis à songer à ce qui s'était passé. Cela me donna singulièrement à penser. Cette équipée était pour moi une révélation, et elle me donna une triste idée des hommes, idée qui n'a guère changé depuis. Encore une fois, mes beaux plans de travail étaient interrompus. Je m'étonnais surtout, au milieu de ces diverses pensées, que les sergents de ville nous eussent laissés en liberté, mes camarades et moi. Pourquoi avoir arrêté une vingtaine d'individus qui, très vraisemblablement, n'étaient que de simples curieux, et peut-être des voyageurs de l'omnibus? Je me couchai enfin, et, à force d'essayer de résoudre cette énigme, je finis par m'endormir, sans me douter que la solution n'allait pas se faire attendre bien longtemps.

*
* *

Vers six heures du matin, des coups frappés à ma porte me réveillèrent. Cette visite matinale me surprit fort et, tout en sautant à bas de mon lit et en allumant ma bougie, je demandai qui venait de si bonne heure. « C'est moi, répondit une voix bien connue, c'est moi, Alexandre. » Or ce monsieur Alexandre était attaché à la police, circonstance qui m'avait été révélée la veille du jour de l'an seulement, bien que je le connusse depuis mon arrivée au quartier latin. J'avais, ce soir-là, pu rendre un service assez important à ce monsieur et avais réussi à le tirer d'un assez mauvais pas. Ma première impression, en sautant à bas de mon lit, fut qu'il venait pour m'arrêter ; la deuxième impression fut meilleure et j'eus honte de la première.

J'ouvris ma porte. M. Alexandre était seul.

Ses premières paroles ne laissèrent aucun doute sur ses intentions honorables, généreuses même.

« Je viens en ami, dit-il, et jamais je ne serais venu autrement chez celui qui m'a sauvé la vie. »

Ici, je l'interrompis, lui offris un siège, ranimai le feu qui couvait encore sous les cendres du foyer, et priai M. Alexandre de passer la matinée avec moi.

« Je le voudrais bien, répondit-il, mais la chose est impossible. Je n'ai que quelques instants à vous consacrer ; ainsi, veuillez donc me laisser la parole…

— Je vous écoute.

— Vous savez aussi bien que moi, n'est-ce pas, que depuis quelques mois vous fréquentez un club. Ce que vous ne savez pas, c'est que vous et vos camarades vous êtes signalés à la police depuis longtemps.

Votre club, il est connu. Votre émeute
d'hier, nous savions si bien qu'elle devait
avoir lieu, que toutes nos précautions
étaient prises d'avance. Vous avez été filés
dès que vous avez mis les pieds sur le pont
Saint-Michel. Arrivés rue Saint-Denis,
vous et vos amis, vous avez rencontré un
vieil ouvrier révolutionnaire avec une belle
barbe blanche. S'il n'avait pas eu de barbe,
vous l'auriez pris peut-être pour un mou-
chard, mais la barbe étant républicaine vous
ne vous êtes pas doutés que cet ouvrier, qui
s'est joint à vous, est un de nos fins
limiers. C'est grâce à lui qu'on vous a laissés
tranquilles. Il vous a proposé de faire des
barricades pour vous occuper, car il savait
très bien que la police allait arriver d'un
moment à l'autre. Après la décampade il est
allé avec vous, toujours pour qu'on vous
laissât tranquilles. Il vous a probablement
raconté qu'il a assisté à bon nombre d'é-
meutes et qu'il y a même été blessé plus

d'une fois. Rien de plus vrai, seulement il ne vous a pas dit pour quel côté de l'émeute il combattait. »

Puis, changeant de ton, M. Alexandre continua : « Tenez, vous avez devant vous un autre avenir que de vous fourrer avec tous ces hommes de club, dont la plupart sont de sinistres farceurs ; et moi qui ai plus de deux fois votre âge, voici l'avis que je vous donne. Vous ne faites rien de bon à Paris, vous êtes dans la mauvaise voie et il faut que vous en sortiez à tout prix. Quittez donc Paris, non pas dans huit jours, mais aujourd'hui même. Allez en Belgique ou en Angleterre ; puis, quand l'affaire sera oubliée, vous reviendrez. Partez le plus tôt possible ; faites votre malle tout de suite et, puisque vous êtes chez vous, laissez ici les choses dont vous n'avez pas besoin et dites à votre concierge qu'une affaire importante vous force de quitter Paris pour quelques semaines. »

Je compris tout de suite que cet avis était

d'un ami et je résolus immédiatement de le suivre. M. Alexandre alla informer le concierge de ma décision, pendant que je faisais ma malle et mettais un peu d'ordre dans les choses que j'allais laisser dans mon atelier. M. Alexandre remonta et, quand je fus prêt, il m'aida à descendre ma malle, puis alla chercher un fiacre.

Au moment d'y monter avec moi : « Je suppose, dit-il, que vous allez chez M. Dorval? — c'était mon correspondant. — Et sur ma réponse affirmative il donna l'adresse de ce monsieur et nous partîmes.

— Mais comment connaissez-vous l'adresse de M. Dorval?

— Rien de plus facile, mon ami.

C'est tout ce que j'en pus tirer.

En un quart d'heure nous fûmes à la porte de M. Dorval.

Il était environ sept heures et demie. M. Dorval était levé depuis longtemps, et il finissait de prendre son café au lait.

M. Alexandre pria mon correspondant de lui accorder quelques instants en particulier. Ils passèrent tous deux dans une autre pièce. Dix minutes plus tard M. Dorval rentra : il était seul.

— Et M. Alexandre, lui dis-je?

— Mon cher garçon, la voiture qui t'a amené vient de le remporter.

Cet excellent M. Alexandre m'évita probablement bien des ennuis, à moi et à ma famille, plusieurs de mes camarades ayant été arrêtés quelques jours plus tard. Il m'avait à peine laissé le temps de balbutier quelques mots de remerciement. Je comptais le revoir plus tard ; malheureusement il fut, je crois, assassiné pendant la Commune.

*
* *

Mon correspondant était évidemment de bonne humeur ce matin-là, et M. Alexandre

4

l'avait probablement rassuré sur les conséquences de mon escapade. Il ne prit nullement les choses au tragique. Il me fit raconter l'histoire de l'émeute d'un bout à
l'autre pendant que je déjeunais, et les
prouesses des émeutiers l'amusèrent fort.

— Tiens, me dit-il, je vois que les émeutiers d'aujourd'hui sont des émeutiers pour
rire : ce ne sont plus les gaillards de 1848.
En voilà qui n'auraient pas décampé devant
une escouade de sergents de ville !

M. Dorval, qui avait eu sa maison de
commerce dans la rue du Temple et qui
y habitait alors, était à même de juger de la
vaillance des émeutiers de la fin du Second
empire.

— Eh bien, mon garçon, reprit-il, où
vas-tu aller ?

— J'ai songé à aller en Belgique, ou en
Angleterre.

— Ne va pas en Belgique, tu n'y
apprendrais pas grand'chose ; va en Angle-

terre. Tu verras d'abord un pays intéressant, puis tu apprendras l'anglais. Vois-tu,
voilà ce qui m'a toujours manqué à moi qui
fais tant d'affaires avec l'Angleterre. Savoir l'anglais, c'est une fortune. Va, va en
Angleterre!

Cela me décida tout à fait.

Malheureusement la prédiction de mon
vieil ami ne s'est pas accomplie. Il est mort
il y a quelques années, en laissant à son fils
unique une centaine de mille livres de rente,
bien qu'il ne sût pas un mot d'anglais, et
moi qui sais l'anglais à fond et depuis longtemps, je m'estimerais très heureux de pouvoir en laisser la dixième partie à mes héri-
tiers.

— Maintenant, continua M. Dorval en
se levant, plus de bêtises, car en voilà assez
comme ça. D'ici à ton départ je ne te quitte
plus, tu entends?

— Parfaitement, et j'en suis charmé.

C'était vrai aussi.

— Connais-tu quelqu'un en Angleterre? à Londres? car je suppose que tu vas aller à Londres. Quant à moi, toutes mes connaissances sont à Birmingham ou à Sheffield.

— Non, je n'y connais personne, mais j'ai un ami au *quartier* qui connaît très bien l'Angleterre.

— Où demeure-t-il, ton ami?

— Rue Dauphine.

— Le trouverons-nous chez lui?

— Certainement, car il ne se lève guère avant midi.

— Allons-y tout de suite.

Le domestique de mon correspondant alla chercher un fiacre, et nous fûmes bientôt en route pour la rue Dauphine où nous arrivâmes comme neuf heures sonnaient.

Je montai chez mon camarade et j'eus beaucoup de peine à le faire lever, tant il dormait de bon cœur. Une fois entré dans sa chambre, je lui fis part de l'objet de ma visite, puis j'ajoutai : Vous connaissez bien l'Angleterre n'est-ce pas?

— Mais oui, comme je connais le quartier.

— Et vous pourriez me donner une adresse à Londres?

— Dix, si vous voulez.

— Merci, mais une seule suffira.

Il alla prendre des papiers dans un tiroir et au bout de quelques instants il me présenta une carte en disant : — Tenez, en voici une :

Mistress Spanker
N° 123, Marylebone Road,
London.

Il lut cela avec un accent si baroque que je crus qu'il prononçait réellement bien l'anglais.

— Allez chez cette dame, ajouta-t-il, vous y serez comme chez vous. Mistress

Spanker est une excellente femme et elle prend très bon marché.

Je mis la précieuse adresse dans mon portefeuille.

— Dites donc, est-ce qu'elle parle français, cette dame ?

— Oui, très bien, du moins elle le comprend, et puis tous les Anglais parlent plus ou moins notre langue. Quant à l'anglais, c'est une langue très facile, c'est du français mal prononcé, et voilà tout. Allez chez cette dame en toute confiance, dites-lui que c'est moi qui vous envoie et vous serez reçu à bras ouvert. Sa maison est très bien située tout près de Westminster et à deux pas de la Tour de Londres.

Je le remerciai et nous nous quittâmes, moi pour aller retrouver M. Dorval qui m'attendait dans le fiacre, lui pour reprendre son somme interrompu.

Je passai la journée avec M. Dorval, et, le soir venu, il me conduisit à la gare du

Nord, prit mon billet pour Londres, par Boulogne et la Tamise, et nous nous quittâmes pour longtemps.

*
* *

Je m'embarquai dans la nuit sur l'un des vapeurs de la *General steam navigation Company*.

*
* *

Je restai longtemps sur le pont, car le temps était superbe. Je n'étais pas fâché de quitter Paris et de rompre en visière avec une vie de folies qui ne pouvait me mener à rien de bon.

D'ailleurs j'étais fatigué de cette existence oiseuse. Je ne regrettais qu'une chose, c'était d'avoir laissé dans mon atelier plu-

sieurs cartons contenant une fort belle collection de gravures et des masses d'esquisses au nombre desquelles se trouvaient
six paysages au crayon par Corot, qu'il
m'avait donnés pour me récompenser, disait-il, de si bien bourrer ses pipes. Si mon
séjour en Angleterre ne se fût prolongé bien
au delà du temps que je m'étais fixé, nul
doute que je les eusse retrouvées. Malheureusement, lorsque je revins à Paris, après
la Commune, tous mes petits trésors avaient
disparu.

I

Ce fut, si j'ai bonne mémoire, dans les premiers jours de février 1869 que je débarquai à Londres, le lendemain de mon départ de Paris. Je n'y arrivai pas avec la pièce de cent sous proverbiale, mais avec la respectable somme de huit livres sterling et quelque menue monnaie. J'avais en outre une malle bien garnie d'effets et de linge.

Je n'en puis dire autant de mon bagage d'anglais, car il était des plus légers et se bornait aux quelques bribes apprises pendant la traversée de Boulogne à Londres, qui occupait alors de quatorze à quinze heures quand il faisait beau temps. Je débarquai au *Saint Katherine's Wharf*, près du pont de Londres, et n'ayant qu'une

malle, la visite de la douane fut bientôt
faite. Un des facteurs en station sur le quai
prit ma malle et me fit signe de le suivre,
car, lorsqu'il m'avait adressé la parole en
anglais, je lui avais répondu par un beau *me
no speak English*, et, outre ce mauvais
anglais, la façon dont je lui avais débité ce
qui était alors pour moi une longue phrase,
avait suffi pour lui faire comprendre que je
ne parlais pas sa langue. Aussi, en homme
sage, plaça-t-il ma malle sur un fiacre sans
dire un seul mot. Je lui donnai alors un
shilling qu'il regarda pendant un instant
d'un air méditatif, puis il le fit pirouetter
en l'air avec une dextérité prodigieuse et le
reçut à plat dans la large paume de sa main
calleuse. Arrivé là, il soupesa le shilling et
fit une moue pour signifier qu'il le trouvait
bien léger. Ce fut du moins ce que je compris, aussi ajoutai-je une pièce de six pence
au shilling. Cela satisfit mon homme. Il mit
la main à sa casquette, marmotta quelques

paroles que je voulus bien prendre pour des remercîments et disparut en quête d'une autre victime.

Je montai alors dans la voiture après avoir donné au cocher l'adresse écrite que m'avait procurée mon ami de Paris, celui-là même qui connaissait si bien Londres. Nous partîmes.

Nous passâmes d'abord par des petites rues assez noires, encombrées de marchandises de toutes sortes, de voitures et de camions. Quoique j'ignorasse où se trouvait le pont de Westminster je ne fus pas longtemps à m'apercevoir que la route était longue et que mistress Spanker ne demeurait évidemment pas tout près de cette fameuse tour de Londres que j'avais vue, en passant, du pont du steamer. Je commençai à craindre que mon cocher n'eût pris une mauvaise direction et je l'interpellai à plusieurs reprises et toujours en français, chose parfaitement inutile d'ailleurs. Cependant, comme je lui montrais toujours l'adresse, il me répondait par deux ou trois *yes, yes,* qui me tranquillisaient.

Pendant cette course d'environ six kilomètres j'eus tout loisir d'examiner un peu les rues de Londres, et cet examen ne contribua guère à me rendre gai. Il était à peine trois heures de l'après-midi, mais il faisait déjà fort sombre et le gaz était allumé dans la plupart des boutiques. Une boue gluante et noire s'étalait sur les trottoirs et un froid humide semblait forcer les passants à boutonner leurs vêtements jusqu'au menton. Ce que j'avais entendu dire de Londres et de son climat me revint en l'esprit, et la réalité me sembla pire que les descriptions que j'avais lues de l'aspect de Londres en hiver.

Les Anglais, surtout ceux de Londres,
ne comprendront jamais combien la capitale
de l'Angleterre était triste alors, combien
elle paraissait noire et lugubre à tous les
étrangers, et combien la population de
Londres leur semblait pauvre et misérable.
L'impression était pénible lorsqu'on arrivait à Londres pour la première fois, après
avoir laissé derrière soi n'importe quelle
capitale. C'est que, si Londres était déjà la
plus vaste et la plus peuplée des capitales
du monde, c'était bien aussi la plus laide, la
plus noire, la plus triste, la plus sombre, la
plus morne entre toutes. Je parle au passé
parce que Londres a subi de grandes transformations et que cette ville est en train de
devenir une belle capitale, grâce à la
création d'un conseil municipal modelé sur
les conseils municipaux des grandes villes
du continent, conseils qui ont fait sourire
les Anglais pendant si longtemps. D'un
autre côté, les propriétaires d'immeubles

ont reconstruit, et ont sagement abandonné l'affreuse et morne architecture du
règne de Victoria. Je ne dis rien de la façon
dont les rues de Londres sont tenues, pour
ne pas offenser les membres du conseil
municipal de Paris. Ces messieurs, malgré
leurs fréquentes visites d'études (?) à
Londres, et autre part, n'ont pas encore
réussi à faire de Paris une ville bien tenue
et où règne l'ordre. L'effet que Londres
produisait alors était le même sur tous les
étrangers, lors même qu'ils arrivaient à
Londres par un état atmosphérique à peu
près passable. Ceux qui y entraient pour la
première fois au milieu d'un de ces brouil-
lards impénétrables, et chargés de fumée,
qui déposent une couche de suie sur la figure
des passants, leur entrent dans les poumons,
dans les yeux et leur font pleurer des larmes
noires, je laisse à penser si l'effet était pénible. L'action corrosive de l'atmosphère
de l'Angleterre, de Londres surtout est

d'ailleurs assez puissante pour ronger, à la longue, les pierres de tous les édifices publics. Elle les effrite et les désagrège à tel point que le seul remède, le seul palliatif, veux-je dire, est de les recouvrir d'une peinture spéciale. Il a fallu employer ce procédé barbare pour conserver les hiéroglyphes taillés dans l'obélisque qui se dresse aujourd'hui sur le bord de la Tamise. Tel monument anglais, qui paraît dater des vieux Romains, ne remonte qu'au seizième ou au dix-septième siècle. Les intéressants collèges d'Oxford, ville dont le climat est bien meilleur que celui de Londres, sont tellement rongés à l'extérieur qu'on les prendrait volontiers pour des constructions d'il y a deux mille ans au moins ; de là, nécessité de gratter et de rebâtir à neuf. Cette action destructive de l'atmosphère s'exerce aussi à l'intérieur des habitations, et tout ce qui est dorure, peinture, fresque, n'y dure pas longtemps sans ressentir l'influence climatérique. C'est ce qui explique la rareté des fresques en Angleterre et la raison qui a déterminé les Anglais à mettre sous verre les tableaux de la *National Gallery*.

Enfin ma voiture s'arrêta. J'étais arrivé à destination. Avant de pouvoir saisir la poignée de la portière, celle-ci s'ouvrit. Je vis alors un de ces pauvres diables qui pullulent à Londres, et dont le métier est de courir après les voitures transportant des bagages dans l'espoir, souvent déçu d'ailleurs, de gagner quelques sous en déchargeant les colis et en les montant chez les particuliers. C'était un de ces miséreux qui venait d'ouvrir la portière. Il avait des savates éculées et boueuses, un pantalon troué en plusieurs endroits et frangé au bas des jambes. Il portait un paletot dont le col relevé ne dissimulait pas suffisamment le manque de tout linge. Il avait la tête couverte d'un chapeau de feutre éprouvé par le climat de Londres, et dont les teintes verdâtres et irisées rappelaient les couleurs du sansonnet, moins ce qu'elles ont de brillant. Ce misérable chargea à grand'peine ma malle sur ses épaules, traversa le jardinet qui s'étendait devant la maison et déposa mon bagage sur le petit perron de sept à huit marches qu'il fallait monter pour arriver à la porte d'entrée. Pendant ce temps-là je demandai au cocher ce que je lui devais. Ma question faite en anglais fut nécessairement très brève. *Ao mush?* (How much?) lui dis-je. Combien? Il voulut bien me comprendre, chose peu difficile d'ailleurs, et, comme il jugea que le laconisme serait le plus sage, il me montra six doigts et ajouta en même temps : *six shillings.*

Décidément les voitures étaient fort

chères à Londres. J'aurais voulu pouvoir dire à mon homme que c'était un franc voleur qui profitait de mon ignorance de la langue et des habitudes du pays pour me rançonner, mais, ne pouvant me satisfaire, je lui donnai ses six shillings, qu'il prit sans même me dire merci.

Pendant mon bref colloque avec le *cabman*, la porte de la maison s'était ouverte et une femme d'une cinquantaine d'années, mal habillée, mal peignée, à la figure revêche, aux longues mains osseuses, apparut dans l'ouverture. Je jugeai que ce devait être mistress Spanker.

— Mme Spanker lui dis-je en la saluant.

(Je ne savais pas alors qu'on ne salue pas sa *landlady*) — Mme Spanker, pouvez-vous me donner une chambre, *a room*.

Elle me répondit par un *yes* très sec, accompagné d'une grimace que je voulus bien prendre pour un sourire.

Je lui demandai alors si elle parlait français. Elle se récusa, et soit que son anglais ne fût pas du français suffisamment mal prononcé, soit que mes oreilles ne fussent pas accoutumées à ce soi-disant français, je ne compris pas un mot de ce qu'elle me dit. Je distinguai cependant le mot *room* à plusieurs reprises, mais, avec toute la meilleure volonté du monde, je ne compris absolument rien. Enfin elle me fit signe de monter et d'aider à mon facteur improvisé à porter ma malle, chose qu'il n'eût jamais faite tout seul.

Je conclus de cela que mistress Spanker pouvait me recevoir et j'en fus très aise, ayant craint, pendant un moment, de ne savoir où aller me loger. Arrivés en haut de l'escalier, nous nous arrêtâmes à la porte d'une petite chambre que mistress Spanker ouvrit. Mon bagage y fut déposé. J'y répétai mon *ao mush* au facteur, tout comme je l'avais fait pour le cocher. Il me demanda deux shillings! C'était vraiment un peu trop, et avant que je pusse faire la moindre objection, mistress Spanker prit la parole et me dit : *no, six pence*, qu'elle répéta plusieurs fois, en disant à l'homme des mots que je ne pus comprendre. Il ne voulut pas accepter *six pence*, et ce ne fut qu'après lui avoir donné deux pièces de six pence qu'il consentit à partir, accompagné, je crois, d'une volée d'invectives anglaises de mistress Spanker.

Morale : N'employez jamais ces gueux. Ce sont presque toujours des ivrognes de profession, qui gagnent plus à ce métier qu'un honnête ouvrier en faisant sa journée de travail. De plus, il est à noter soigneusement qu'ils sont souvent couverts de vermine.

*
* *

La chambre dans laquelle je pénétrai alors, car jusqu'ici je m'étais tenu sur le palier, avait à peine deux mètres et demi de long sur deux de large. Le plafond était si bas qu'en me haussant légèrement sur la pointe des pieds, je le touchais tête nue. L'ameublement était plus que modeste. Il se composait d'un tout petit lit de fer, dont le matelas, fort mince, était peu propre; d'une table de bois blanc, aujourd'hui noire de crasse, jadis peinte en jaune, et sur laquelle étaient placés un pot à eau raccommodé, une cuvette ébréchée d'un côté et ayant un faux air de plat à barbe, une carafe en gros verre et une tasse sans anse. Une table ronde de bois blanc peint et deux chaises canées complétaient l'ameublement, sauf une petite glace suspendue au-dessus d'une cheminée de fort petite dimension.

Ce n'était pas princier et ce n'était pas bon marché non plus, car, à ma question de *ao mush*, mistress Spanker me montra les cinq doigts maigres de sa main gauche en disant *five shillings*.

Je compris, mais, ne sachant pas qu'il fallût payer d'avance, j'attendais toujours que mistress Spanker voulût bien se retirer. Ce n'était pas son affaire. Voyant qu'elle y perdait son anglais, elle me fit entendre, par une pantomime fort éloquente, qu'il fallait s'exécuter à l'instant. C'est ce que je fis.

Resté seul, je tirai un crayon de ma poche et inscrivis mes dépenses depuis mon arrivée à Londres, c'est-à-dire depuis deux heures à peu près.

Facteur en quittant le bateau	1 sh. 6 d.
Fiacre	6 —
Second facteur.	1 —
Chambre.	5 —
TOTAL . . .	13 sh. 6 d.

Total **13** shillings et 6 pence, soit environ 17 francs. A ce compte-là il était évident que mon argent n'irait pas loin. J'étais en train de me livrer à des réflexions peu gaies lorsqu'on frappa à ma porte. J'ouvris et vis une petite souillon mal peignée, de douze à treize ans, dont la robe à manches courtes — c'était alors la mode anglaise — laissait voir bien au-dessus du coude des bras nus, rouges, secs comme des allumettes. C'était là la bonne de mistress Spanker. Elle me présenta un petit calepin d'un sou, que j'ouvris aussitôt et où je vis que ma *landlady* avait inscrit la date de mon arrivée et la somme reçue comme loyer. Je m'attendais à avoir quelque chose à débourser pour le calepin, mais cette fois je me trompais : il était compris dans le prix de la chambre.

Désirant avoir du feu, car il faisait froid et humide, je fis comprendre à la gamine, en lui montrant ma cheminée, que je voulais avoir du charbon. Elle me comprit et descendit.

Cinq minutes plus tard, elle m'apportait un bac à charbon de dimensions lilliputiennes et deux petits fagots. Elle me débita un petit discours auquel je ne compris absolument rien, ce que voyant elle disparut, en laissant le bac à charbon sur le palier et ayant soin d'emporter les petits fagots. Je ne comprenais rien à cette manœuvre. Le mystère ne tarda pas à être éclairci. Mistress Spanker vint en personne. Elle me montra le bac à charbon et tira de sa poche une pièce de six pence. Elle me fit alors entendre que c'était là le prix du charbon et que je devais payer *illico*. Puis, prenant les fagots des mains de la petite et une pièce d'un *penny*, je compris aussi que c'était là le prix du bois. Merveilleux langage des signes !

Je m'exécutai, tout en songeant que le charbon était prodigieusement cher en Angleterre, et que ce devait être un fort bon commerce de vendre dix centimes de petits fagots contenant deux douzaines de minces bouts de bois de quinze centimètres de longueur.

La petite bonne alluma le feu et je me trouvai encore une fois seul, seul avec mes tristes pensées. Je commençai à me livrer à une méditation peu gaie, aussi eus-je soin de ne pas m'y abandonner trop longtemps. C'est là une bonne habitude que j'ai toujours eue, et je la recommande aux gens malheureux. S'appesantir sur son malheur ne sert de rien, ne remédie à rien et ne peut que nous nuire. Je me levai donc de la chaise sur laquelle je m'étais assis devant le feu et allai à la fenêtre dans l'intention de l'ouvrir. Malheureusement, cette maudite fenétre à guillotine ne s'ouvrait probablement pas souvent et elle était si gauchie que, pour la faire monter, il fallait une certaine habileté que je n'avais pas encore acquise. C'est égal, cela faisait diversion. A force d'essayer, je finis par faire remonter le châssis inférieur. J'essayai alors de regarder dans la rue, mais un énorme chéneau séparait ma fenétre du mur extérieur, lequel

s'élevait lui-même à la hauteur des vitres.
Impossible de voir dans la rue. Or, je tenais
essentiellement à voir dans la rue. Je passai
donc le corps assez avant pour regarder par-
dessus le mur. Malheureusement je ne
savais pas que la partie supérieure de ma
fenêtre à guillotine manquait de contre-
poids, et qu'un seul bout de bois placé dessous le châssis la retenait en haut. En passant le corps par la fenêtre, je fis tomber ce
morceau de bois. Aussitôt la moitié supérieure de la guillotine glissa dans ses cou-
lisses et ne s'arrêta dans sa course que
quand elle m'eut atteint. Or, si cette fenêtre
tombait facilement, elle ne remontait pas de
même, et j'eus toutes les peines du monde,
pendant quelques minutes, à me dégager.
Je n'avais aucun mal, la fenêtre étant beaucoup trop légère pour cela. Une fois dégagé,
j'eus encore assez de peine à faire remonter
la fenêtre. Tantôt un côté montait et l'autre
descendait, puis en frappant sous ce dernier,

l'autre côté retombait. Enfin, avec de la persévérance, je remis la fenêtre en place et l'assujettis de nouveau avec son morceau de bois, de façon à ce qu'elle ne retombât plus. Je pus alors recommencer mon examen interrompu. Ma chambre étant sur le derrière de la maison, je n'y vis absolument rien d'intéressant, sauf une multitude de cheminées d'où sortait une fumée lourde et paresseuse, semblant s'élever dans l'air à regret. Cette vue n'ayant rien de réjouissant, je rentrai, fermai ma fenêtre, baissai le store de calicot jadis écru, aujourd'hui jaune et maculé de taches, et allai m'asseoir de nouveau devant le feu qui flambait gaiment.

Il était près de six heures du soir et je commençais à avoir faim. Je mis mon chapeau, endossai mon pardessus et me disposai à sortir. Je me demandais comment se disait sortir, et j'eus recours à mon dictionnaire pour résoudre la difficulté. Je trouvai que sortir se dit *to go out*. Imbu de l'idée qu'un Anglais se sert exclusivement des infinitifs et qu'il dit toujours *moi sortir, moi avoir besoin manger*, je fis ma phrase anglaise d'après ces règles et sans me douter le moins du monde que *out* se prononce *a-ou-te*. Je mis mon dictionnaire dans ma poche et descendis. Mistress Spanker était dans sa cuisine, qu'elle habitait comme le font beaucoup de *landladies* de Londres. Je lui dis : *me to go out*. Elle comprit très bien, preuve qu'elle y mit beaucoup de bonne volonté. Je reçus alors de ses propres mains un passe-partout, un *latchkey*. Je compris que c'était pour la porte d'entrée. Je sortis.

*
* *

Une fois dans la rue, je marchai à pas comptés, car il y avait un brouillard assez

épais que, dans mon ignorance, je pris pour
un vrai brouillard de Londres. Je fis des
remarques sur les coins de rues que je passais pour bien retrouver mon chemin, car
Marylebone Road, qui actuellement encore
ne brille pas par l'éclairage, était alors beaucoup plus sombre. En quelques minutes je
me trouvai dans une rue pleine de boutiques, c'était Crawford Street. J'y découvris ce qu'on appelle un *eating house*, chose
que nos dictionnaires décorent du nom de
restaurant. Or, un *eating house* ressemble
à peu près autant à un restaurant, même
ordinaire, que l'Hôtel Continental ressemble à un de ces classiques mastroquets
si nombreux il y a une trentaine d'années
dans la rue Mouffetard.

Un *eating house* s'annonce presque toujours par des morceaux de *pudding* mis en
étalage dans la montre, en compagnie de
morceaux de viande plus ou moins appétis-
sants. N'ayant jamais été bien difficile sur

le chapitre de la nourriture, j'entrai dans ce soi-disant restaurant. Je ne fus pas peu surpris d'en voir l'intérieur divisé en stalles, comme dans une écurie. Chaque stalle contient une table de quatre pieds de long sur un et demi de large, et des bancs fixés sur les parois de la stalle y tiennent lieu de chaises. L'espace y a été mesuré avec parcimonie et il faut se glisser entre la table et le banc pour s'asseoir. La propreté y est généralement encore dans l'enfance. Chaque table est pourvue d'un huilier avec poivre, sel et moutarde. A l'époque dont je parle ces *eating houses* étaient à peu près les seuls restaurants de Londres, et le restaurant continental qu'on voit aujourd'hui dans la capitale de l'Angleterre, y est une importation récente. Il y a trente ans à peine, les seuls restaurants de Londres, dignes de ce nom, étaient dans le West-End. En général ils étaient fort dispendieux. Le seul qui fût alors à la portée des petites bourses

était celui que Gatti avait installé sous les
arcades de la gare de Charing-Cross. Ce
Gatti, à qui les Anglais auraient déjà dû
élever une statue, en reconnaissance de ce
qu'il a fait pour leur civilisation, est le fon-
dateur réel du restaurant à bon marché en
Angleterre. C'est lui qui a révolutionné le
système anglais, lui à qui l'on doit de pouvoir, depuis une vingtaine d'années, trouver des restaurants à peu près convenables
où l'on puisse manger à des prix raison-
nables. C'est que Londres a changé en cela
comme en beaucoup d'autres choses, et il
est tout aussi facile aujourd'hui de trouver
des restaurants à bon marché dans la métropole anglaise qu'à Paris même. Il est
même devenu à la mode, aujourd'hui, de
manger hors de chez soi, et cette mode con-
tinentale a pris tant d'extension, à Londres,
que les grands restaurants ne s'y comptent
plus. On va dîner au restaurant le soir en
grande toilette, et il est même des établisse-

ments où l'on n'est pas admis en toilette ordinaire. Les mœurs anglaises n'ont pas gagné grand'chose à ce changement, ni le fameux *home* anglais non plus, mais c'est comme ça.

Je pris place à l'une des tables : celle de la deuxième stalle à droite en entrant, stalle que je revois en ce moment comme si elle était devant moi. L'autre côté de la stalle était occupé par un ouvrier anglais. Il mangeait du pain beurré et avait à côté de lui une tasse de thé, mais une de ces tasses énormes et épaisses qu'on ne voit qu'en Angleterre. Une jeune fille d'assez bonne mine — le service y est presque toujours fait par des femmes comme dans les tavernes — vint me demander ce que je désirais, et comme je m'étais préparé à l'avance, je lui dis : *Miss, some tea and some eggs :* Mademoiselle, du thé et des œufs. Elle sourit et me répondit : *ham and eggs,* ou plus probablement *am and heggs,* les gens de sa classe

omettant les *h's* où il y en a et en mettant
toujours où il n'y en a pas. Je répondis par
un superbe *yes*, bien que je ne susse pas ce
que voulait dire ce mot *ham*. Mon voisin
sourit et m'adressa la parole, mais en pure
perte. C'était un brave garçon à la physionomie douce et honnête, avec qui j'eusse
bien voulu échanger quelques mots.

J'eus bientôt devant moi une superbe
grillade de jambon, le fameux *ham*, et je me
mis au travail sans plus tarder, car j'avais
faim, très faim même. Je ne trouvai pas
cette nourriture désagréable du tout ; loin
de là et, somme toute, je fis un excellent
repas, que j'arrosai de trois quarts de litre
de thé, ces établissements ne vendant pas
de bière. Mon dîner fini, je donnai à la
jeune fille qui m'avait servi une pièce de
deux shillings, et je fus agréablement surpris de recevoir beaucoup plus de monnaie
en échange que je ne l'avais anticipé. Aussi
lui donnai-je quatre sous, qui me valurent

un sourire accompagné de *Thank you, sir!
Good night, sir!* Sourire d'autant plus gracieux que l'on donne rarement de pour-
boires dans ces établissements.

Je rentrai chez moi. Le feu était éteint.

Mon seul éclairage consistant en une
malheureuse chandelle dont le suif coulait
sur la table, je me couchai une demi-heure
après être rentré.

Malgré toute la bonne volonté possible, le
sommeil me tint rigueur et je ne pus m'endormir. Il était de bonne heure, il est vrai :
huit heures à peine. Sans les pensées
importunes qui m'assaillaient en foule,
j'eusse sans doute réussi à dormir dans
mon taudis, car, depuis quelques jours,
j'avais pris peu de repos. Mais comment
dormir, quand mille pensées désagréables

vous assaillent? Pouvais-je ne pas songer à ma position actuelle et ne pas comparer involontairement ma demeure présente à la jolie chambre à coucher où j'aurais pu me trouver, chez mon père, et d'où la vue s'étendait au loin sur des sites ravissants? J'aurai bien voulu être encore à Paris, dans mon atelier du quai Saint-Michel, dans ce Paris si plein de cette vie intense, que les étrangers nous envient en secret, et qu'ils blâment tout haut. Je me disais aussi que je ne connaissais pas une âme dans cette immense métropole anglaise, et pour la première fois de ma vie je songeai sérieusement à l'avenir et me demandai ce que je ferais quand mes ressources seraient épuisées. Je pourrais certainement rentrer en France, sous peu, mais qu'y ferais-je? Je commençais aussi à avoir un peu honte de mes escapades, et j'étais résolu à faire quelque chose et à cesser d'être un grand enfant et à devenir un homme.

Au milieu de ces pensées il y en avait une qui me revenait sans cesse à l'esprit : mon ignorance totale de la langue anglaise. Combien je regrettais alors que l'Université n'eût pas jugé à propos de m'apprendre un peu plus d'anglais et un peu moins de latin et de grec, car, en dépit de ma haute taille, de mes larges épaules et mes muscles d'acier, je me sentais fort petit. Cela me fit souvenir que j'avais apporté avec moi un livre intitulé *le Maitre d'Anglais*, par le fameux William Cobbett, et, comme le sommeil ne voulait pas venir, je rallumai ma chandelle et me mis à lutter avec les difficultés de la langue anglaise. Cet excellent exercice m'apprit quelques mots d'anglais et appesantit mes paupières. J'éteignis ma chandelle et en répétant mentalement *a dog*, un chien ; *a house*, une maison ; *a chair*, une chaise, je tombai dans les bras de Morphée.

Telle fut ma première journée en Angleterre.

III

Je me réveillai le lendemain matin comme
le jour commençait à poindre. Je levai mon
store et regardai à travers les vitres enfu-
mées de ma fenêtre à guillotine, placée juste
au chevet de mon lit. L'atmosphère était
lourde et épaisse, comme elle l'est presque
toujours à Londres à cette saison de l'année.
Ce n'était pas gai et, malgré mes belles réso-
lutions de la veille, j'eusse bien voulu être
encore en France, sans cependant songer
un seul instant à y rentrer de suite.

Ma toilette finie, j'écrivis une longue
lettre à mes parents, leur donnant les raisons qui m'avaient déterminé à passer la
Manche. Ce devoir rempli, je me mis sérieusement à songer à ce que j'allais faire. Plus

je m'appesantissais sur ce sujet, plus je le considérais sous toutes ses faces, plus je voyais de difficultés à cause de mon ignorance de la langue anglaise. Néanmoins, chose étrange et inexplicable, j'étais décidé à rester en Angleterre, coûte que coûte, au moins pendant le temps nécessaire pour y apprendre l'anglais. Je comptais, il est vrai, que ma famille me fournirait les moyens de vivre à Londres jusqu'au jour où je pourrais y trouver une situation me permettant de vivre une ou deux années en Angleterre.

En attendant, je voulais voir Londres puisque j'y étais.

Je sortis vers les neuf heures et, comme mon ami du quartier latin — celui qui connaissait si bien Londres — m'avait dit que Marylebone est tout près de Westminster et de la Tour de Londres, je songeai à aller visiter le Parlement anglais et la vieille forteresse. Avant de sortir, je dis *good morning* à mistress Spanker et lui répétai le mot

Westminster. Elle me mena sur le petit perron et m'indiqua la direction à suivre, en ajoutant des détails qui furent perdus pour moi. Je partis, marchai en droite ligne pendant longtemps ; mais je ne vis ni Westminster ni la Tour de Londres, et pour cause. Je commençai à comprendre que mon Gascon de Paris — il était Parisien pur sang — ne connaissait nullement Londres et que, selon toute apparence, il n'y avait jamais mis les pieds.

Or, j'avais pris par Baker Street. Cela m'avait conduit à Oxford Street, puis à Regent Street. Je regardais les boutiques et les maisons de ces deux rues bien connues, avec le plus vif intérêt, mais cette contemplation ne contribua pas beaucoup à me faire admirer la capitale de l'Angleterre. Oxford Street me sembla être l'une des principales artères de Londres, comme elle l'est en effet, mais les boutiques m'en parurent assez mesquines et certainement

inférieures à celles de Paris et de beaucoup
de nos grandes villes de province. Quant
aux maisons, dont la plupart ont été re-
bâties depuis, comme je l'ai déjà dit, elles
étaient alors fort laides avec leurs façades
plates et sans reliefs, leurs petits toits peu
élevés et leurs fenêtres exiguës. Je trouvai
Regent Street bien mieux comme rue. Au
milieu de mes pérégrinations je me trouvai,
je ne sais comment, dans Glasshouse Street
en face d'un hôtel sur lequel je lus en
énormes lettres *Hotel peninsular*. A la porte
de cet hôtel se trouvait un homme que je reconnus immédiatement pour un Espagnol.
Élevé dans la Péninsule Ibérique et parlant
couramment le Castillan, je lui adressai la
parole en cette langue. Il me répondit
immédiatement. La conversation ainsi en-
gagée continua. Mon interlocuteur était l'interprète de l'hôtel, fréquenté alors par des
négociants espagnols ou américains ayant
affaire avec l'Angleterre.

N'ayant aucune occupation ce matin-là, il m'offrit d'aller prendre une tasse de chocolat. J'acceptai. Il me mena aussitôt à quelques pas de là dans un petit restaurant, disparu aujourd'hui, mais qui était alors le rendez-vous des Français, des Polonais et des Espagnols habitant le quartier. L'emplacement de ce café est occupé aujourd'hui par le grand café Monico, qui ne rappelle en rien l'humble restaurant d'alors. A partir de ce jour, j'allai prendre tous mes repas dans ce café, bien qu'assez éloigné de chez moi.

*
* *

Trois ou quatre jours plus tard, je reçus une lettre de ma famille. Dire qu'elle me fit beaucoup de plaisir, je ne le saurais. On m'enjoignait de rentrer en France immédiatement, à peine d'être laissé sans argent. Le même jour, je répondis que je ne pouvais rentrer en France, faute de fonds. Par retour du courrier je reçus une lettre chargée. Elle contenait un billet de cent francs. Ce billet me fit beaucoup de plaisir, mais la lettre infiniment moins. On m'y disait que plusieurs petites notes, totalement oubliées par moi, avaient été envoyées à ma famille. Cela ne présageait pas une réception bien cordiale ; aussi me décidai-je, plus que jamais, à rester un temps en Angleterre.

Je répondis à ma famille que certaines raisons s'opposaient à ma rentrée immédiate en France et que, d'ailleurs, je craignais d'être inquiété si je rentrais. J'ajoutai que des poursuites avaient eu lieu à Paris, et ce n'était que la vérité, mais j'oubliais de dire qu'il n'avait pas été question de moi. Je terminai en disant que, ne voulant pas être une cause d'ennuis pour les miens, j'avais résolu de rester en Angleterre pendant quelques mois et de mettre ce temps à profit pour travailler mon anglais.

Je restai donc.

*
* *

Je ne fus pas longtemps à trouver le diable au fond de ma bourse. Je n'avais rien à faire et ma situation devenait de jour en jour plus précaire. Il était évident, d'après la correspondance échangée avec ma famille, que je n'avais plus rien à en attendre. Les rapides progrès que je faisais de jour en jour en anglais me consolaient de ce contre-temps, et puis je m'accoutumais aussi aux usages du pays.

Cela n'empêcha pas qu'un jour je me trouvai à bout de ressources et dus songer sérieusement à me procurer de l'argent, mistress Spanker n'étant pas femme à faire crédit d'un centime.

J'allai trouver ce qu'en France nous appelons notre *tante*, et ce que les Anglais appellent leur *oncle*.

Ce cher *oncle* possède de nombreux établissements en Angleterre, non seulement dans les quartiers pauvres des plus grandes villes, mais aussi dans les quartiers riches, chose peu étonnante, d'ailleurs, dans un pays où opulence et misère se coudoient à chaque instant. La boutique de mon *oncle* se reconnait aux trois grosses pilules dorées qui se balancent mélancoliquement à une potence de fer scellée dans le mur et aux mots *Money lent*. On prétend que ces pilules dorées sont tirées du blason des Médicis, et qu'elles furent importées en Angleterre par les Italiens, qui, les premiers, y fondèrent des établissements de prêts sur gages. Ce qui est certain, c'est que mon oncle sait vous dorer la pilule et qu'il prête son argent à raison de vingt-cinq pour cent d'intérêt, au minimum.

Je fis donc connaissance avec mon *oncle*, et, peu à peu, ma montre et toutes mes hardes passèrent entre ses mains, et il ne me resta plus que le strict nécessaire. J'en arrivai même à lui confier ma dernière paire de bottines et à me promener dans les rues de Londres en pantoufles de tapisserie. Ces pantoufles attirèrent les regards curieux des passants. Malheureusement la pluie survint, puis avec elle la boue gluante des rues d'une capitale enfumée, et mes pauvres pantoufles pâlirent tellement à ce contact qu'on ne daigna plus jeter le moindre regard sur elles.

*
* *

J'en étais là lorsqu'un matin, en faisant ma visite au petit restaurant dont j'ai déjà parlé, j'y rencontrai une vieille connaissance de Paris. Cet homme était un photographe italien du nom de Marconi qui avait épousé une Irlandaise (1). Il avait eu l'excellente idée de photographier, en grand, des modèles vivants reproduisant les poses et les attitudes des statues les plus fameuses. Or, un jour, il avait envoyé, à Londres, un soi-disant agent, avec deux ou trois cents belles photographies de ce genre. Cet homme lui avait fait accroire qu'il avait de fort belles relations en Angleterre et qu'il placerait toutes ces photographies à un bon prix, sans la moindre difficulté. Mon photographe, homme assez crédule, donna dans le panneau, confia ses photographies à l'individu, qui partit aussitôt pour Londres, ou autre part. N'entendant pas plus parler de ses photographies que de son agent, il se

(1) Ce photographe artiste était-il de la famille de l'électricien du même nom. Je n'ai pu le savoir, mais je suis porté à le croire, car il était fort ingénieux et fut, je crois, le premier à se servir de plaques préparées à l'avance et de papier spécial. Malheureusement, les fonds lui manquaient pour prendre des brevets.

décida à faire le voyage de Londres, alla à l'adresse qu'on lui avait donnée et non seulement ne trouva pas son homme, mais il apprit encore que personne ne l'y connaissait. On découvrit plus tard que les photographies avaient tout simplement été vendues à Paris, à vil prix.

Nous causâmes pendant quelque temps, et finalement mon ami me dit qu'il était si sûr du placement de ses photographies, chez les artistes de Londres, qu'il me proposait de tenter l'épreuve. J'acceptai de grand cœur et me disposais à partir lorsque je me souvins que j'étais en pantoufles. Ne pouvant me présenter dans les ateliers de Londres avec une chaussure aussi peu à la mode, mon photographe m'avança l'argent nécessaire pour aller dégager une paire de bottines. Pendant que j'allais faire visite à mon *oncle*, il alla, lui, arranger son stock de photographies. Nous nous retrouvâmes dans l'après-midi, mais comme il était trop tard pour commencer ma tournée, il fut convenu que je me mettrais en route le lendemain dans la matinée et, pour ne pas perdre de temps, j'emportai une centaine de photographies chez moi, où je rentrai vers dix heures du soir après avoir passé une soirée charmante avec mon *patron*.

*
* *

Le lendemain, déjà muni des adresses nécessaires depuis la veille, et chargé d'un lourd carton, je me mis en route.

Le premier atelier que je visitai fut celui de Sir Lindsay Coutts, dans Cromwell Place, South Kensington.

Je sonnai à la porte de cette habitation seigneuriale, et un domestique en livrée m'ouvrit aussitôt. Je demandai si Sir Lindsay était visible et, bien que je ne parlasse pas encore très bien l'anglais, il me comprit sans difficulté et, au contraire d'une foule de ses semblables, il fut très poli, s'inspirant sans doute de son maître.

Il me pria de m'asseoir dans l'entrée et alla parler à son maître. Il revint quelques instants après et me dit de le suivre. Au premier étage, il ouvrit une porte et me fit signe d'entrer. C'était là la porte du superbe atelier de Sir Lindsay. Ce monsieur me mit de suite à l'aise en m'adressant la parole en français, langue qu'il parlait fort bien.

Je fis part à Sir Lindsay du but de ma visite, et sans entrer dans des détails superflus, il me suffira de dire que, moins d'une demi-heure après mon entrée, je quittai l'atelier avec un carton moins chargé, mais avec quatre souverains d'or dans ma poche, sur lesquels il me revenait une commission de seize shillings, soit vingt francs environ.

C'était encourageant, et j'avais le cœur fort léger en quittant la maison de sir Lind-

say. Je me disposai alors à aller chez
d'autres artistes habitant les quartiers de
Kensington et de Notting-Hill, mais je n'en
vis que deux ou trois autres ce jour-là, à
cause de la nomenclature fantaisiste des
rues de Londres et du manque complet de
méthode qui a présidé à leur baptême. Je
perdis un temps considérable à chercher
les maisons où j'avais affaire. Je ne pouvais
reconnaître une *place* d'un *crescent*, ou
un *garden* d'une *street*. Quelques jours
plus tard, je fus près de deux heures à
découvrir Gloucester Gardens à Notting-
Hill, bien que je n'en fusse pas à plus de
dix minutes de chemin. Lorsque j'y arrivai
enfin, ma surprise fut grande, en décou-
vrant que ces soi-disant *gardens* sont tout
simplement des rues ordinaires, supposées
si bien connues, qu'on ne s'était pas donné
la peine d'en indiquer le nom. Au bout de
quelques jours de ces pérégrinations, rien
ne m'étonna plus dans la nomenclature

bizarre des rues de Londres, et je découvris bientôt qu'un *crescent* peut être une rue parfaitement droite, un *square* une rue comme n'importe quelle impasse ou ruelle, une *place* un bout de rue quelconque dont le nom a été changé pour que ceux qui y demeurent puissent mettre sur leurs cartes *place* au lieu de *street,* ce qui est « beaucoup plus comme il faut » . A noter aussi : beaucoup de maisons ne portaient pas de numéros, je pourrais dire n'en portent pas toujours d'apparents, aujourd'hui encore. Que de fois alors n'appelai-je pas la colère des dieux sur les créateurs d'un pareil chaos !

Mais revenons-en à mon commerce de photographies. Comme je l'ai dit, mon début fut excellent. Après ma visite chez sir Lindsay Coutts, je visitai deux ou trois ateliers et vendis encore quelques épreuves, et, à la fin de ma première journée, je me trouvai avoir gagné près de vingt-cinq francs. J'allai retrouver mon patron, la joie dans le cœur. Je lui rendis mes comptes, et il fut si enchanté de ce début, qu'il m'invita à dîner, et ne voulut jamais reprendre les quelques shillings qu'il m'avait avancés la veille pour dégager mes bottines. Je le quittai de bonne heure et emportai de nouvelles photographies. Je dormis cette nuit-là sur les deux oreilles, comme un homme qui digère bien, après un bon dîner, et qui a fait une vingtaine de kilomètres dans sa journée.

Le lendemain, je fus encore assez heureux et gagnai une douzaine de shillings, puis après cela, et pendant une dizaine de jours, ma part des bénéfices fut de sept à huit shillings par jour, mais jamais je ne fis une aussi bonne journée que la première.

*
* *

Pendant que j'exerçais ce métier, je fus accosté un matin, près du *British Museum*, par un inspecteur de police, qui me pria, très poliment d'ailleurs, de l'accompagner jusqu'au bureau de police. L'ayant prié de me dire la raison de cette demande insolite, j'appris de lui qu'il agissait d'après des ordres, et que l'on désirait tout simplement inspecter mes photographies. « Je n'ai pas l'ordre de vous faire arrêter, ajouta-t-il, mais je vous engage à m'accompagner sans faire de difficulté. » Je ne fis, en effet, aucune difficulté de le suivre, et lui proposai même de prendre mon carton, dont il se chargea volontiers. En route pour le bureau de police, — celui situé entre Piccadilly et Regent Street, dans une petite rue dont je n'ai jamais su le nom — j'appris de lui qu'un artiste de Londres, à qui j'avais offert des photographies, avait informé la police que je colportais des photographies *shocking*. Comme plusieurs des artistes que j'avais vus ne m'avaient pas acheté de photographies, je n'ai jamais pu savoir lequel d'entre eux avait porté plainte. Il est probable que ce monsieur était membre de la *Société pour l'habillement complet des statues*. Il est possible aussi qu'il ne les ait pas trouvées suffisamment *shocking*. En effet, je n'avais pas une seule photographie de femme, mon ami qui était peintre, autant que photographe, ayant travaillé pour les seuls artistes, et sachant que pour l'étude de la musculature et de l'esthétique des formes humaines on ne va pas chercher des modèles du sexe féminin. Tous ceux qui avaient posé pour ces imitations de statues antiques étaient des hommes, et j'étais du nombre. Il m'avait photographié en corps mort, puis en pugilateur et en Spartacus, et un sculpteur de Paris avait même fait une statuette d'après ce dernier modèle.

Il est possible aussi que ces photographies, faites en France et vendues par un Français, devaient, selon ce vertueux puritain, être classées, par cela même, parmi les choses capables de choquer la morale. C'est qu'il est un peu passé en maxime, en Angleterre, que les étrangers, les Français surtout, sont essentiellement immoraux, et que la vertu s'est depuis longtemps réfugiée au sein de la pudique Albion.

Sachant à quoi m'en tenir, je ne m'inquiétai nullement de mon entrevue avec la police. Arrivés à la *station*, mes photographies furent exhibées, examinées une à une, et on n'y trouva rien qui pût porter ombrage à la vertu britannique. Celui qui paraissait être le commissaire de police s'excusa de m'avoir dérangé, me demanda mon nom et mon adresse, ajoutant que, puisqu'on m'avait fait perdre mon temps,

j'avais droit à une indemnité. Effective-
ment, quelques jours plus tard, je fus prié
par lettre de passer au bureau de police
pour y recevoir la somme d'une livre
sterling.

On va voir maintenant comment une
chose en amène une autre.

*
* *

Vendant ces photographies exclusivement aux artistes, j'avais fini par connaitre
un peu tous les ateliers. Quand une photographie me manquait, je la portais le lendemain à l'artiste qui en avait besoin ; de là,
parfois deux, trois et même quatre visites
au même atelier. Je restais quelquefois une
demi-heure chez un artiste, à causer de
Paris, beaucoup de peintres anglais ayant
fréquenté les ateliers parisiens. Jamais de
ma vie, je me plais à le dire bien hautement,

je n'ai rencontré nulle part de gens plus affables, plus charmants, plus amènes et délectables que les artistes anglais. Cette fréquentation des ateliers me procura bientôt un moyen d'existence fortuit et imprévu : celui de *modèle*. Si, en effet, pendant mon séjour au milieu des artistes de Paris, j'avais parfois posé pour des amis, l'idée de gagner ma vie comme modèle ne m'était jamais venue à l'esprit. Ce fut cependant ce qui m'advint, et voici à quelle occasion.

*   *   *

J'avais vu plusieurs fois M. Dicksee le père, si je ne me trompe, du *Royal Academician* actuel. Il semblait m'avoir pris en amitié et aimait à parler français avec moi — il s'exprimait assez facilement dans cette langue, — et il me retenait souvent assez longtemps chez lui. Or, un matin que j'étais arrivé d'assez bonne heure, il me proposa de lui servir de modèle pour la tête. Cette proposition n'ayant rien qui pût froisser un honnête homme, je l'acceptai de grand cœur. Le lendemain je retournai encore poser chez lui dans son atelier situé, si j'ai bonne mémoire, au coin de Fitzroy Square.

Maintenant, s'il en est qui trouvent ce métier indigne d'un homme bien élevé, d'un fils de propriétaire, tant pis pour eux. J'étais convaincu alors que gagner sa vie honnêtement vaut mieux que de demander l'aumône, ou de vivre aux dépens du public. Je suis toujours du même avis. Encore aujourd'hui je pense que le travail honnête, quel qu'il soit, ne saurait déshonorer un homme, et, si j'étais dans la misère, je n'hésiterais pas à faire le premier métier honnête m'offrant les moyens de vivre. Je n'ai jamais eu honte d'avoir fait le métier

de modèle ; bien plus, je m'en honore.
Jeune comme j'étais alors, élevé dans un
certain luxe, accoutumé à la bonne société,
je suis fier d'avoir eu assez de courage,
assez de bon sens pour fouler aux pieds des
préjugés bêtes, pour avoir mis de côté
toutes les notions idiotes de décorum incul-
quées aux enfants d'une certaine classe,
notions dont le résultat est souvent de les
faire dévier du sentier de l'honneur et de
l'honnêteté. Si nous avions des notions plus
justes, plus saines, du bien et du mal, nous
nous en trouverions infiniment mieux. La
société, je veux dire une certaine société,
trouve indigne d'un homme bien élevé,
d'un fils de famille, de se livrer à certains
travaux honnêtes, mais elle ne trouve rien
à redire, cette société choisie, cette élite, à
ce que ce même jeune homme s'endette et
obtienne de l'argent par des moyens ré-
prouvés par l'honneur et la morale.

Refuser l'offre de M. Dicksee eut été

d'un niais. Je ne pouvais, en effet, espérer obtenir une situation régulière dans un pays étranger dont la langue ne m'était pas encore très familière. D'ailleurs mon commerce de photographies n'allait plus guère et ce n'était pas là un travail sur lequel je pouvais longtemps compter, les artistes n'étant pas fort nombreux; et puis quand on a acheté tous les Creugas, tous les Faunes et les Spartacus bien connus, on en a pour la vie. Depuis quelques jours je ne gagnais plus guère que deux ou trois shillings, en courant les rues de Londres du matin au soir.

Or, pendant les quelques semaines qui venaient de s'écouler, j'avais gagné un peu d'argent. Cela m'avait permis de dégager une bonne partie de mes effets, auxquels je tenais d'autant plus que j'en étais privé pour la première fois de ma vie. Aussi l'offre de M. Dicksee fut-elle pour moi la manne dans le désert.

*
* *

Le lendemain, j'allai donc encore chez M. Dicksee. J'y posai pour la tête pendant trois heures et gagnai trois demi-couronnes, soit environ neuf francs. Je me trouvai fort bien payé et bien moins fatigué qu'à courir les rues de Londres avec un lourd carton sous le bras. De plus, cet artiste me fit servir un bon lunch, auquel je fis honneur pendant qu'il causait avec moi.

Il me donna plusieurs adresses de peintres, lorsque je le quittai, et deux ou trois de ses cartes en me permettant de me recommander de lui. Je suivis son conseil et le jour même je vis M. Salomon, dont l'atelier était tout près, dans Charlotte Street ou Fitzroy Street, je ne me rappelle plus exactement laquelle des deux. Je trouvai cet artiste chez lui et il me retint pour le lendemain. C'était la première fois que je le voyais et je ne lui avais jamais offert de photographies.

Une fois lancé, tout alla bien, et je posai dès lors régulièrement, tantôt pour la tête, tantôt pour l'ensemble; tantôt chez M. Armitage, chez M. Wood, chez M. Yeames, chez lord Leighton alors simple M. Leighton, toujours aussi affable et généreux qu'il le fut toute sa vie. J'allai aussi chez M. Broughton et d'autres devenus célèbres plus tard, et rencontrai partout, et toujours, le même accueil bienveillant, la même sympathie, la même générosité. Aussi ai-je conservé de ces temps d'épreuve un délectable et ineffaçable souvenir.

*
* *

J'avais gagné trois demi-couronnes chez M. Dicksee en trois heures. Rien de plus vrai, ce qui, cependant, ne doit pas faire croire que la vie d'un modèle soit une existence de sybarite.

Généralement parlant, les modèles peuvent se diviser en deux classes : les modèles pour la figure, les modèles pour l'ensemble. Pour gagner sa vie convenablement, il faut pouvoir poser pour l'ensemble : la plupart des peintres préférant les études de nu aux études de tête. A Londres la rétribution des modèles était alors de deux à trois shillings l'heure, chez les bons peintres. Or, comme on pose rarement moins de trois heures et souvent plus, — il m'est arrivé une fois de poser chez lord Leighton pendant six heures — on gagnerait assez d'argent si le travail était régulier. Malheureusement il est intermittent, et il y a bien des jours dans le mois pendant lesquels on ne fait rien, et puis il y a aussi l'hiver de Londres pendant lequel il est souvent impossible de travailler, faute de lumière. Il y a d'autres inconvénients encore, au nombre desquels sont les rencontres d'autres modèles : hommes et femmes. Des femmes, je ne dirai rien. Beaucoup d'entre elles sont Italiennes, quelques-unes Françaises, très peu sont Anglaises, et se valent à peu près. Les hommes sont tous beaucoup mieux et sont presque toujours des étrangers. Malgré leurs fameux sports, Anglais et Anglaises ne sont que de très pauvres modèles, et on ne les emploie qu'au pis aller.

Ce métier n'était donc pour moi qu'un gagne-pain provisoire, me permettant, en attendant mieux, d'étudier sérieusement l'anglais, langue à l'étude de laquelle je me livrais avec d'autant plus d'assiduité que je sentais la nécessité de la posséder à fond et dans le plus bref délai.

Ma journée finie, je rentrais chez moi et dînais dans ma mansarde. Mon repas se composait invariablement de bœuf rôti froid, ou de hure, acheté avant de rentrer, ainsi que mon pain. Le tout était arrosé d'eau claire. Quelquefois, par grand luxe, j'achetais aussi du fromage et j'envoyais la petite bonne de mistress Spanker me chercher une pinte de bière à la taverne voisine.

Mon dîner fini, je lisais un journal anglais à grands coups de dictionnaire et de grammaire; aussi cette lecture me prenait-elle beaucoup de temps. Une fois par semaine, j'achetais le *Family Herald*, journal hebdomadaire bien connu en Angleterre. Ce journal m'amusait beaucoup plus que les autres, à cause des lettres, des maximes, des statistiques, des paragraphes sur les sciences, et des anecdotes amusantes dont les dernières pages se composaient alors. Ce fut en lisant ce journal que j'appris que nous, Français, nous avons à peu près tous les vices, les Anglais toutes les vertus. A cela près, ce journal est excellent et était excellent, même avant *l'entente cordiale*. Je traduisais quelques passages en français, puis, le lendemain, ou deux ou trois jours plus tard, je m'efforçais de mettre ma traduction en anglais et je comparais le résultat à l'original. Quand mon anglais présentait des différences trop sensibles avec le texte original, je feuilletais ma grammaire jusqu'à ce que j'eusse trouvé la raison de cette différence. Je faisais ainsi de très rapides progrès dans la langue et, à force de me servir de mon dictionnaire, j'enrichissais mon vocabulaire d'une foule de mots et d'expressions.

C'est là le meilleur, le seul moyen d'apprendre une langue quelconque, et c'est d'ailleurs une vieille méthode à la portée de toutes les intelligences, mais demandant du travail et de la persévérance.

Malgré mes progrès rapides je ne trouvais aucune occupation régulière. Fidèle, il est vrai, à un principe, qui m'est cher et dont je ne me suis jamais départi, je ne

demandais rien à personne et ne comptais
absolument que sur moi-même, sans songer
un instant à importuner ceux qui m'avaient
bien accueilli. D'ailleurs tout alla bien, très
bien même pendant quelques mois, car je
posais régulièrement trois ou quatre fois la
semaine, et souvent plus.

*

* *

Le mois d'août arriva et avec lui les
vacances, c'est-à-dire la migration annuelle
des peintres. Cela ne m'émut guère, car
j'avais un petit magot et étais rentré depuis
longtemps en possession de mes hardes.
Néanmoins, quand vint la fin de septembre,
je commençai à m'inquiéter, bien peu
d'artistes étant de retour. Depuis sept
semaines, je n'avais posé que trois fois seulement chez des peintres peu fortunés, qui
payaient à raison d'un shilling l'heure,

aussi mes économies s'en allaient-elles grand train. J'avais bien écrit plusieurs fois à ma famille, mais le refrain était toujours le même : « Reviens et tout sera pour le mieux dans la meilleure des familles. »

Je me suis souvent demandé pourquoi, malgré les prières réitérées de mes parents, je restai sourd à tout et m'obstinai à continuer d'habiter un pays où je n'avais connu que la misère, et où l'avenir ne semblait pas me promettre grand'chose. J'ai, depuis lors, souvent songé à cela, sans bien comprendre cette résolution. Mon esprit d'indépendance y était naturellement pour quelque chose, et puis un je ne sais quoi semblait m'enchaîner à cette terre, où rien, absolument rien, ne me retenait alors, et où, tout, au contraire, semblait me dire : « Va-t'en ! » Ma constitution robuste y a peut-être été pour quelque chose aussi, car, aujourd'hui encore, je m'accommode de tout et m'accoutume facilement aux circonstances les plus diverses.

Octobre arriva sans améliorer ma situation, mais en apportant de si profonds changements à l'état de mes finances, que le jour vint où je trouvai le diable au fond de ma bourse. L'automne était venu. Un automne de Londres : triste, pluvieux, froid. Je cherchais toujours à me procurer du travail, sans toutefois y parvenir. Peu à peu, mes hardes, ma malle même, reprirent le chemin de la boutique du prêteur sur gages. Tous les jours je faisais des lieues de chemin pour tâcher de trouver quelque chose à faire. J'allais frapper à la porte de tous les ateliers, mais en vain, car beaucoup d'artistes n'étaient pas encore de retour, et d'ailleurs, eussent-ils été chez eux, le temps était si sombre, si brumeux, que peindre était impossible.

Il me fallut enfin quitter mon logement :
cette misérable mansarde qui me semblait
alors un palais et dans laquelle j'avais passé
de bienheureux jours. Mon loyer de la
semaine payé, il me resta quelques shillings
seulement et un petit paquet contenant une
chemise, deux ou trois mouchoirs et ma
grammaire anglaise, mon *Maître d'anglais*,
ce compagnon silencieux de mes peines
et de mes joies, et qui après bien des péri-
péties, bien des voyages, repose maintenant
tranquillement sur les rayons d'une bibliothèque de plusieurs milliers de volumes.
Tel était mon bagage lorsque je quittai
Marylebone pour aller..... dans la rue.

C'était un samedi, et tant que je vivrai
j'en conserverai la mémoire. Le ciel était
gris. Il ne pleuvait pas, mais l'air était

humide et froid. Je m'éloignai le cœur gros et sans regarder derrière moi. Je me dirigeai vers l'Est de Londres, le *East-End*, où l'on m'avait dit qu'il y avait du travail pour tout le monde, aux *docks*, surtout pour les hommes solides.

Je n'y arrivai pas tout de suite car il y a une jolie traite de Marylebone aux docks. Lorsque j'atteignis la Tour de Londres, il faisait très sombre à cause du brouillard et il tombait du grésil. Pendant un bout de temps, je me promenai autour de Trinity Square, puis, comme je n'avais rien pris depuis le matin, je cherchai un endroit bien modeste, bien humble où je pusse manger un morceau. J'en trouvai un dans ce qu'on appelait alors Ratcliffe Highway. C'était à l'enseigne de *Tom's Coffee House*. J'y entrai et me fis servir une pinte de thé, du pain et du beurre. Le tout me coûta trois pence, soit trente centimes. Au moment de sortir, mes yeux tombèrent sur une femme

à la figure fort douce et à l'air triste. C'était
la patronne de l'établissement. Son air de
bonté me frappa. Elle n'avait pas plus de
trente à trente-deux ans. Je m'approchai
d'elle et lui demandai si elle pourrait
m'aider à trouver du travail. Elle me répondit avec beaucoup de douceur. Elle me
donna des renseignements sur la manière
d'en chercher aux docks et ajouta que
je n'aurais aucune difficulté à y être embauché. Elle eut l'insigne bonté de me dire
que, si je n'avais pas beaucoup d'argent, je
pourrais venir manger chez elle et la payer
quand j'aurais de l'ouvrage. Je remerciai
cette excellente femme, dont je regrette de
n'avoir jamais su le nom, et lui demandai
de m'indiquer un endroit où je puisse
trouver un logis pour une nuit ou deux.
Elle m'en indiqua un.

Je m'y rendis, mais j'appris qu'on ne
voulait louer qu'à la semaine et qu'il fallait
payer d'avance. Je m'en allai.

Je m'adressai alors à un policeman. Il me dit que je trouverais des logements à la nuit dans Dorset Street. Je m'y rendis.

Autant que je m'en souviens, cette rue n'avait certainement pas plus de deux cents mètres de longueur. Elle était alors, et elle est peut-être encore la terre classique des logements à la nuit, de ces *doss-houses* améliorés un peu aujourd'hui au point de vue du confort, mais toujours les mêmes au moral. Je n'eus pas plus tôt mis les pieds dans Dorset Street que je lus sur presque toutes les portes *Registered lodging house*. Je pénétrai dans l'une d'elles et payai six pence à la personne qui était dans une espèce de bureau. J'entrai.

Si l'extérieur de la maison ne présentait rien de bien engageant, l'intérieur était pis encore. Je pénétrai dans la salle commune : la cuisine, *kitchen* comme on l'appelle, sentine où sont rassemblés tous les vices et toutes les misères de la capitale. On y trouve

de tout, dans ces cuisines. On y trouve
des gens jadis bien qui, de degré en degré,
en sont arrivés à n'avoir plus d'autre domi-
cile. On y trouve des femmes entretenues
tombées dans la misère; des voleurs s'y
reposant le jour pour travailler la nuit; des
prostituées de bas étage se livrant pour un
verre de *gin*; des enfants de tous les âges,
garçons et filles entassés pêle-mêle dans
ces antres d'infamie; en un mot, on y voit
la misère et le vice dans toute leur horreur.
La dépravation, l'immoralité, la débauche
y suintent à travers les pores des murs;
l'air y est vicié; les oreilles y sont déchirées
par la voix éraillée des ivrognes des deux
sexes. Les yeux n'ont qu'à regarder pour
contempler des scènes dignes de sauvages
ivres. Les figures qui se meuvent dans
ces antres portent presque toutes les stig-
mates du vice et du crime. Décrire en
détail les scènes qui se passent en ces
lieux est impossible. Seuls le crayon d'un

Hogarth ou la plume d'un Dickens pourraient donner une faible idée des horreurs que l'homme peut contempler dans ces enfers, auxquels Dante ne songea jamais.

J'avais bien entendu parler des antres d'infamie de Londres, mais je ne les avais jamais vus, et ce qu'on m'en avait dit m'avait toujours paru exagéré. Maintenant la réalité surpassait ce que l'imagination la plus ardente eût pu concevoir. Pour la première fois de ma vie, je compris que l'humanité dégradée atteint souvent un degré de bassesse et de bestialité inconnu aux animaux. Je voudrais que les puritains anglais, si fiers de leur morale fausse et menteuse, pussent contempler les malheureux enfants dont la vie s'écoule dans ces repaires. La plupart d'entre eux y arrivent purs comme nos propres enfants, mais, fussent-ils des anges, leur pureté ne saurait durer longtemps. La contagion est inévitable et, en quelques jours, le garçon de dix

à douze ans devient voleur, et sa sœur, à
peu près du même âge, prostituée. Encore
un peu, et les enfants font vivre leurs
parents du produit de leur vice. Le garçon
devient alors *pickpocket*, plus tard voleur
en grand. La fille, on la livre d'abord pour
avoir de l'argent, puis elle prend goût à son
nouveau genre de vie, et au bout de quelques jours la prostitution devient son
métier, et elle se livre à toute heure et en
tout lieu, dans les parcs, dans les rues,
dans les tavernes. Bientôt elle perd tout
sentiment de pudeur féminine, et donne à
l'Angleterre une autre racoleuse, une de
ces femmes éhontées qui pullulent dans
toutes les villes anglaises et y descendent
plus bas qu'ailleurs, car tout, en Angleterre, est extrême : la vertu y est collet
monté, mais le vice se vautre dans la fange.

Au lieu d'envoyer des missionnaires
prêcher l'Évangile à des gens qui en ont
infiniment moins besoin que leurs compa-

triotes, les Anglais feraient bien de s'occuper de leurs frères, qu'ils laissent trop
souvent croupir dans l'ordure. Cela serait
plus beau, mais l'hypocrisie n'y trouve-
rait pas son compte. Ce serait admettre que
le vice existe en Angleterre.

Je restai quelque temps dans la cuisine,
assis dans un coin à droite de la cheminée,
et jetai un coup d'œil autour de moi. J'eus
alors l'idée d'aller voir où se trouvait mon
lit. Un examen très superficiel me suffit, et
je résolus de passer la nuit dans la cuisine;
les traces de vermine étaient par trop appa-
rentes sur ce grabat. Je redescendis dans
la salle commune et cherchai le coin le plus
obscur. C'était facile à trouver, la pièce
n'étant éclairée que par une seule lumière.
Je m'assis sur un banc et plaçai mon paquet

entre moi et le mur. Peu à peu le sommeil
me gagna, et sentant que j'allais m'endormir, j'eus la prudence de m'asseoir sur mon
paquet.

Jusqu'à ce moment, tout avait été tranquille, car il n'y avait que deux autres
hommes et une vieille femme dans la salle
commune. Il était d'ailleurs de bonne
heure. J'ignore combien de temps je dormis
mais ce que je sais, c'est que plus d'une
fois mon sommeil fut interrompu par le
vacarme qui se faisait dans la maison. Des
ivrognes se disputaient, des prostituées se
querellaient avec eux ou entre elles. Les
scènes que je vis plus d'une fois pendant
cette nuit lugubre sont si répugnantes, si
ignobles qu'au moment où j'écris ces lignes,
plus de quarante années après, le seul souvenir des abominations dont j'ai été témoin
me soulève le cœur.

Vers deux heures du matin, le bruit cessa
un peu, et les ivrognes des deux sexes,

fatigués de brailler, s'endormirent enfin, puis les femmes publiques allèrent se coucher. Ce fut alors le tour des vieilles louves qui fréquentent ces lieux, de sortir, non plus pour se prostituer, mais pour dépouiller dans les rues les ivrognes attardés. L'une d'elles, pensant que j'étais ivre, vint me fouiller. Je lui saisis la main avec tant de force qu'elle poussa un cri, dont personne d'ailleurs ne s'émut. Beaucoup de ces femmes âgées n'ont d'autre moyen d'existence que ce genre de vol.

Enfin je me rendormis encore une fois et ne m'éveillai que comme le jour commençait à poindre.

Or, c'était un dimanche et je savais qu'il était inutile de chercher du travail ce jour-là. Je me souvins pourtant que M. Salomon m'avait plus d'une fois fait poser le dimanche, et comme le temps était beaucoup plus clair après une nuit de pluie, je me décidai à tenter la chance. Je partis pour

Charlotte Street — je crois que c'était bien dans cette rue — et, ayant beaucoup de temps devant moi, je ne me pressai pas. J'arrivai à son atelier vers neuf heures et demie et appris qu'il devait y venir travailler vers midi ou une heure. Ayant ainsi trois heures à attendre, j'allais dans un petit restaurant de Percy Street et y mangeai un morceau. En sortant de là, je pris la direction de Regent Street et en arrivant à Oxford Circus, une église située à l'extrémité de Regent Street attira mon attention. J'y entrai et me plaçai dans le coin le plus obscur car le service venait de commencer. C'était la première fois que je voyais le service de l'église anglicane. J'écoutais et me tenais debout comme tout le monde. Je n'y étais pas depuis plus de cinq minutes lorsqu'un homme affublé d'une robe noire vint me dire de m'en aller. L'église était fréquentée par des *gentlemen* et des *ladies*, mais Dieu n'y recevait pas les pauvres, même convenables et propres, ayant un paquet à la main. Comme cela ressemblait bien à l'église du Christ ! C'est que l'église qui parle du Christ veut dire le Christ bien vêtu et riche, et non pas le Christ qui se mêlait aux pauvres et vivait de leur vie.

Je sortis de l'église dont l'obligeant chrétien voulut bien m'ouvrir la porte.

Vers midi et demie, je me rendis chez M. Salomon. Il était chez lui et voulait bien me recevoir. Il avait en effet besoin de moi. Quelques minutes plus tard, je commençai à poser. J'étais là sur l'estrade depuis environ un quart d'heure lorsque, tout à coup, mes yeux se brouillèrent et je tombai raide, la face en avant. Dans ma chute je touchai la palette de M. Salomon et peu s'en fallut que je ne tombasse sur lui. Or, comme je

pesais quatre-vingt-seize kilogrammes et
que M. Salomon était plutôt mince et petit
de taille, cet accident eût pu avoir des suites
fâcheuses pour lui. Il n'y eut heureusement
que sa palette de brisée. Mon évanouissement dura à peine une minute, et moi je
n'eus d'autre mal que quelques contusions
sans importance, étant tombé en partie sur
un sofa. C'est la seule fois de ma vie que
pareille chose m'est arrivée, et je ne puis
m'expliquer ce malaise que par les jeûnes
prolongés auxquels je me livrais depuis
quelque temps, la fatigue causée par des
courses de dix à douze heures par jour et le
manque de sommeil de la nuit précédente.

M. Salomon devina-t-il en partie la cause
de mon évanouissement, je l'ignore; mais
ce que je sais, c'est qu'un quart d'heure plus
tard il me fit apporter une excellente colla-
tion et qu'après y avoir fait honneur, je
posai encore, mais assis, au lieu d'être
debout.

Je quittai cet artiste vers cinq heures de l'après-midi avec sept shillings et six pence de plus. En sortant de chez M. Salomon, dont j'ai toujours conservé le meilleur souvenir, je me mis à la recherche d'un logement et, bien décidé à chercher du travail aux *docks* ou à prendre du service à bord d'un navire marchand, je repris le chemin de la Tour de Londres. Après avoir erré dans les environs de ce monument pendant quelque temps, je découvris enfin une petite chambre très humble dans les *Minories*. Cela me coûta une demi-couronne et comme il était déjà tard, près de huit heures, il fut convenu que la semaine compterait du lundi seulement. Cette chambre n'était pas luxueuse sans doute, mais elle était propre, et, après mon expérience de la veille, j'étais très heureux de m'y trouver. J'étais très fatigué. Je me couchai de suite et m'endormis bientôt.

*
* *

Je me réveillai comme il faisait encore nuit, mais, peu après, j'entendis sonner cinq heures à l'horloge d'une église voisine. Je n'avais plus sommeil. Je me levai, m'habillai et me rendis aux *docks* de Sainte-Katherine où j'arrivai bientôt. J'eus la mortification d'apprendre que seuls les hommes munis d'une recommandation pouvaient y être employés. On ajouta qu'il n'en était pas de même aux London-Docks, où, lorsqu'il y a de l'ouvrage, la force physique est la seule recommandation exigée.

Je me rendis donc à ces *docks*. On ne m'avait pas trompé, et j'y fus embauché presque en arrivant.

*
* *

Je fus pourvu d'un de ces bourrelets
indescriptibles, formant coussin sur la tête
et les épaules, et d'un crochet et commençai
à travailler. Ce jour-là je portai des caisses
d'un navire à un hangar où on les marquait
et les enregistrait, et de là à un magasin. A
la fin de la journée, entre quatre et cinq
heures, je reçus un shilling et quelques
pence n'ayant travaillé qu'une partie de la
journée. J'appris, en même temps, que je
pouvais compter sur une quinzaine de jours
de travail régulier, et recevoir une demi-couronne par jour, soit trois francs. Au lieu de
quinze jours, j'eus du travail pendant cinq
semaines, à la fin desquelles je fus congédié,
les hommes employés régulièrement étant
alors suffisants pour le travail.

Encore une fois j'étais sur le pavé.

Par surcroît de malechance, le temps était
devenu si mauvais, si embrumé, qu'il ne
fallait pas songer à poser chez les artistes.
J'essayai, mais inutilement. Londres sortait à peine des ténèbres une ou deux heures
par jour, et la lumière, quand elle paraissait, était une espèce de crépuscule jau-
nâtre.

Je fus bientôt à bout de ressources. Cela
va sans doute paraître extraordinaire aux
vertueuses personnes qui prétendent qu'il
est possible de faire des économies avec
trois francs par jour. J'avoue, sans honte,
que, malgré les meilleures intentions du
monde et en vivant comme un anacho-
rète, je n'avais pas réussi, en cinq semaines,
à mettre plus de quelques shillings de
côté, tout en me restreignant au strict nécessaire et en ne buvant que de l'eau ou du
thé. Cela d'ailleurs me privait peu, ayant
toujours été grand amateur d'eau claire.

Si j'étais encore une fois à bout de ressources, ou à peu près, l'extravagance n'en était donc pas la cause. Tout monstrueux que cela puisse paraître à ceux qui ont des rentes sur l'État, je leur conseille d'essayer de constituer un capital avec trois francs par jour, surtout quand on ne travaille pas le dimanche et qu'on a besoin d'une nourriture assez plantureuse pour se livrer au dur labeur du débardeur.

En moins de huit jours j'étais au bout de mon rouleau et me vis forcé de quitter mon logement, étant dans l'impossibilité matérielle de payer mon loyer. Je demandai du crédit, mais on ne m'en accorda pas — on n'en accorde qu'aux riches. Il fallut donc partir.

J'entrai alors dans une période à laquelle je ne puis songer aujourd'hui sans émotion. Je n'avais plus que quatre *pence*. Ma première visite fut pour le *pawnbroker*, où j'engageai deux ou trois objets de mince valeur qui me procurèrent cinq shillings.

C'était là toute ma fortune. Ce n'était pas brillant dans une ville comme Londres, lorsqu'on y est sans parents, sans asile, sans ressources. Plus d'une fois, je l'avoue, la pensée me vint d'aller chez les artistes qui avaient eu le plus de bontés pour moi, mais la seule idée de leur demander une espèce d'aumône me la faisait abandonner aussitôt que formée. D'ailleurs, vêtu comme je l'étais alors, jamais je n'aurais osé me présenter chez eux.

J'en étais réduit à une mauvaise chemise de flanelle, à un pantalon de gros drap bleu et un paletot peu présentable.

Alors commença pour moi une période terrible, mortelle pour quiconque n'eût pas été solidement bâti. Nonobstant mes vingt ans et mon excellente constitution, cette période me parut suffisamment dure pour désirer en voir la fin le plus vite possible. La première nuit, je la passai dehors sans beaucoup de mal et certainement plus agréablement que dans les logis à la nuit, où j'étais bien décidé à ne jamais remettre les pieds, quoi qu'il arrivât. Je me promenai toute la nuit. Le jour venu, me trouvant près de la gare de *London Bridge*, j'y entrai, m'assis sur un banc et y dormis une couple d'heures dans la salle d'attente des troisièmes où il y avait un bon feu. Avec mon petit paquet au bras j'avais l'air d'un ouvrier attendant un train, et personne ne s'occupa de moi. En me réveillant je sentis la faim et allai acheter une demi-livre de pain chez un boulager. Le pain disparut bientôt. J'allai alors boire un coup d'eau à une fontaine publique. Je me sentis tout réconforté et tout gaillard. Je me rendis ensuite aux *docks*, mais en pure perte.

Dans la soirée j'achetai encore du pain pour passer ma nuit. Pendant douze jours je vécus à peu près de même. Je marchais presque toute la nuit, puis, le jour venu, j'allais dormir dans une gare de chemin de

fer. J'y faisais généralement un somme de
deux ou trois heures le matin, puis j'allais
aux *docks* où je ne trouvais toujours rien à
faire, et l'après-midi j'allais dormir encore
dans une gare. Je changeais de gare et,
comme j'avais l'air respectacle, jamais personne ne me dit rien. Mes gares de prédilec-
tion, le matin, étaient celles de *London
Bridge* et de *Fenchuch Street*. Quelquefois
c'était celle de *Cannon Street*. Pour mon
somme de l'après-midi, c'était généralement
celle de *Charing Cross* qui me plaisait le plus.
Elle était, et elle est toujours assez sombre
et je m'y trouvais fort bien. Les quatre premières nuits furent froides mais sèches, et
en marchant je n'avais pas froid du tout.
La cinquième nuit, il tomba de l'eau mais le
temps était très doux et, étant alors près
de *Waterloo Bridge*, j'allai m'abriter sous
l'une des superbes arches de ce pont et y
rencontrai beaucoup d'autres malheureux.
Mon cabinet de toilette c'était la Tamise, où

j'allais faire mes ablutions au petit jour, aussi étais-je toujours assez propre. Cela fait, je me remettais en route pour les *docks* mais j'y trouvais toujours la même réponse.

Ce fut pendant cette période de mon existence que je fis connaissance avec les friandises des cuisines ambulantes de Londres. Les plats qu'on y sert, s'ils ne sont pas toujours délicats, ont au moins le mérite d'apaiser la faim, même quand on a vingt ans. Au nombre de ces friandises sont les fameux *steak puddings*, mélange informe de pâte et de viande de je ne sais quoi, le tout assaisonné de force sel et poivre. Ces *puddings* sont dans un petit bol et coûtent deux *pence*, vingt centimes. Pendant huit jours je m'en payai un régulièrement vers cinq heures du matin, et cela me permettait d'atteindre midi, heure à laquelle deux sous de pain me rassasiaient jusqu'au soir. Vers sept ou huit heures, j'achetais encore pour deux sous de pain ou quelquefois une de ces énormes pommes de terre cuites au four, à l'un des nombreux vendeurs ambulants. En moyenne je dépensais de six à huit sous par jour, quelquefois dix. C'était peu et c'était beaucoup car mon argent s'en allait vite.

Malgré cela je prenais les choses en philosophe et j'étais loin d'être aussi malheureux qu'on pourrait le croire. J'étais jeune, il est vrai ; j'avais bon pied, bon œil ; jamais je ne m'enrhumais, et pourvu que j'eusse quelque chose à manger, le reste m'inquiétait peu. D'ailleurs, j'étais toujours un grand enfant et me laissais vivre tranquillement, me disant à moi-même que cela ne pouvait durer éternellement. Néanmoins, j'étais à moitié décidé à faire un nouvel appel de fonds à ma famille et même à rentrer en France, s'il le fallait absolument. La chance voulut que ce jour-là il y eut du travail aux *docks*; pour huit jours au moins, me dit-on. Cela me fit changer de résolution. Je n'écrivis pas à ma famille et restai en Angleterre. Je me remis au travail, sans plus songer aux quelques malheureuses nuits passées à errer dans les rues de Londres.

IV

Depuis trois jours déjà j'étais au travail,
lorsqu'en sortant des docks, à l'heure du
dîner, je fus accosté par un homme de très
bonne mine, évidemment un homme de
mer. La veille déjà, je l'avais rencontré et
il m'avait adressé quelques paroles insigni-
fiantes. Je l'avais pris et le prenais encore
pour un capitaine de la marine marchande
anglaise. Je ne m'étais trompé qu'à demi.
Il était capitaine, en effet, mais il n'était
pas Anglais. Je n'étais pas alors suffisamment familier avec la langue anglaise pour
m'apercevoir de son accent étranger. Il
s'exprimait d'ailleurs avec beaucoup de facilité.

Évidemment il m'attendait, car il ne

m'eut pas plus tôt aperçu qu'il s'avança vers moi et m'offrit la main.

— Dites-donc, me dit-il, est-ce que le métier que vous faites là vous plaît beaucoup?

— Pas plus que ça!

— Si je vous en offrais un autre, qu'est-ce que vous diriez?

— Cela dépend.

— Vous avez été marin, n'est-ce pas?

— Non, je n'ai jamais été marin de métier, mais j'ai beaucoup été sur mer et je sais très bien manœuvrer une embarcation à voiles ou à l'aviron.

— Eh bien, alors vous êtes à moitié marin. Voulez-vous l'être tout à fait?

Moi qui n'avais jamais rien tant désiré que d'être marin, je ne me fis pas répéter la question deux fois et répondis affirmativement.

— Eh bien, alors, voulez-vous venir à mon bord, comme matelot? Vous êtes l'homme qu'il me faut, un solide gaillard qui n'a pas peur du travail.

— J'accepte.

— Alors venez dîner avec moi.

— Et ma demi-journée?

— Ne vous en occupez pas. Je vous prends à compter d'aujourd'hui, et c'est moi qui vous la paierai.

Cette nouvelle perspective me fit beaucoup de plaisir. D'abord j'allais être réellement marin et puis, ce qui m'attirait vers ce métier, surtout à ce moment, c'est qu'il m'offrait un moyen inespéré de me tirer de la situation précaire où je me trouvais, sans être obligé d'avoir recours à personne, pas même à ma famille.

Mon capitaine, comme je l'appellerai désormais, m'emmena aussitôt dans la direction de la Tour de Londres. De là, nous allâmes dans un *coffee house* de *Lower Thames Street*, lequel je n'ai jamais pu retrouver, soit qu'il ait disparu, soit qu'il ait changé d'aspect, comme la plupart des restaurants de Londres.

Je m'assis en face de mon capitaine. C'était un bel homme, bien taillé, aux traits un peu lourds mais énergiques. Je lui demandai à quelles conditions il allait me prendre.

— Je vais vous le dire, mais d'abord il faut que vous sachiez que je suis Hollandais. Je suis capitaine et armateur de la *Schluit Katrijn*, mouillée en ce moment tout près d'ici, dans *Oyster Street*, la rue aux Huîtres, — c'est ainsi qu'on appelait et qu'on appelle peut-être encore les quadruples et quintuples rangées de bateaux de pêche venant de la Hollande et de la mer du Nord. — J'ai mis à terre un de mes hommes qui, au lieu de se contenter d'une goutte, ne pouvait se trouver à portée d'une bouteille sans y donner aussitôt l'accolade, et cela si souvent qu'il était ivre la moitié de la journée. J'ai vu que vous êtes étranger et je me suis adressé à vous parce que je ne veux plus de Danois — ce matelot était Danois — qui sont des ivrognes dont on ne sait que faire. Maintenant voulez-vous toujours venir avec moi?

— Mais certainement, capitaine, je ne demande pas mieux. Je suis prêt à partir quand vous voudrez, seulement je dois vous dire que je n'ai ni argent ni vêtement de rechange, sauf un petit paquet que j'ai laissé dans ma chambre.

— Ça n'est pas gênant.

— Alors que m'offrez-vous?

— Je vais vous donner, ou plutôt vous acheter les hardes nécessaires et, pendant les quatre premiers mois que vous serez à mon bord, je ne vous payerai que six shillings par semaine pour rentrer dans l'avance que je vous fais. De plus vous serez nourri, et bien nourri. Cela vous va-t-il?

Dans la condition où j'étais, c'était la fortune; aussi acceptai-je l'offre du capitaine hollandais, avec plus de plaisir que je n'ai accepté, plus tard, des offres infiniment plus avantageuses. A la vérité, j'étais heureux de goûter à ce métier de matelot, pour lequel j'avais toujours eu tant de prédilections.

Nous terminâmes notre excellent dîner et puis nous partîmes. Je voulais aller finir ma journée aux *docks*, mais l'heure était passée pour la reprise du travail ; et d'ailleurs mon capitaine ne me le permit pas. Il me dit que nous arrangerions tout cela et pour commencer il me paya une semaine d'avance. Je ne perdais pas grand'chose, car, d'après l'échelle des salaires d'alors, des entremetteurs, qui gagnaient de 25 à 30 000 francs par an, payaient les ouvriers des *docks* de 2 fr. 50 à 3 francs pour une journée de douze heures de travail. Aussi l'hiver gagnait-on fort peu.

Cela arrangé, nous nous rendîmes chez un Hollandais, dont la boutique existait naguère encore dans Ratcliffe Highway, et

en moins d'une heure je fus complètement
métamorphosé. J'avais sur moi une bonne
chemise de flanelle, un jersey en laine bleue,
un bon pantalon de drap bleu, de grands
bas de laine que je fourrai dans une énorme
paire de bottes, etc., etc., sans compter un
sac plein d'effets. La pluie s'étant mise à
tomber, je ne voulus pas gâter ma casquette
neuve, ni ma belle jaquette. Je mis donc
mon ciré par-dessus mon jersey et mon
suroi sur ma tête, et nous partîmes. En passant je m'arrêtai à la maison où je logeais et
où j'avais laissé mon fameux paquet et ma
non moins fameuse grammaire. Nous descendîmes alors vers la Tamise et, en moins
d'un quart d'heure, nous arrivâmes sur la
rive, à environ cinq mètres en aval de la
Tour de Londres.

Mon capitaine héla un des bateaux
mouillés non loin de l'endroit où nous
nous trouvions, et quelques minutes après
nous vîmes une embarcation montée par

deux hommes se diriger vers nous. C'était
le canot de notre bord. Bientôt après, nous
accostions une *schluit* hollandaise. C'était
la nôtre. J'y reconnus aussitôt cette propreté hollandaise, si méticuleuse et parfois
un peu trop mouillée. Je fis bientôt connaissance avec mes nouveaux compagnons.
Ils avaient tous bonne mine et firent sur
moi une excellente impression, que rien ne
démentit dans la suite. Sur les six hommes
d'équipage, sans compter le capitaine et un
mousse de quatorze à quinze ans, deux
étaient comme moi de haute taille. Notre
second était un colosse de quatre à cinq
centimètres plus grand que nous. C'était
aussi l'un des meilleurs hommes que j'aie
rencontrés. Il était assez instruit et connaissait une masse de petites ficelles utiles. Ce fut
lui le premier qui me fit remarquer qu'une
montre peut servir de compas et qu'on peut
l'utiliser aussi pour corriger la variation.
Les autres étaient des Hollandais, mais,

chose etrange, tout le monde parlait anglais
à bord, et j'étais certainement celui qui était
le moins familier avec cette langue, laquelle
est d'ailleurs très facile pour les Hollandais
et les Scandinaves.

Cette nouvelle carrière devint pour moi
une excellente école, car j'avais déjà pris
goût aux langues et j'avais depuis longtemps
étudié la navigation théorique pour mon
amusement personnel. Au bout de quelques
mois j'avais appris assez de hollandais et de
norvégien pour me faire comprendre en ces
langues. Cela me servit plus tard dans de
nombreuses circonstances et me permit,
non seulement de rendre des services aux
agents consulaires de certains ports anglais,
mais encore de gagner des sommes importantes comme interprète de consulat, preuve
qu'il est toujours bon de profiter de toutes
les occasions de s'instruire.

Le soir de ce premier jour, je soupai avec
les camarades et la glace fut bientôt rompue.

Je n'eus absolument rien à faire. Devant lever l'ancre le lendemain à sept heures, tout le monde alla se coucher vers dix heures, sauf l'homme de quart.

Cette première nuit à bord fut délicieuse. Je n'étais plus seul. J'avais des camarades, et ces camarades seraient bientôt des amis avec qui j'allais partager plaisirs et peines. Le souvenir des terribles nuits passées à errer dans les rues de Londres, sans gîte, pour ainsi dire sans pain, m'apparut alors dans toute son affreuse réalité. Je n'allais plus être exposé à être ramassé par la police à moitié mort de faim ou de froid, puisque dans les pays civilisés, ou qui ont la prétention de l'être, c'est un crime de ne pas avoir d'argent. J'allais avoir à manger régulièrement. En un mot, j'allais vivre. Les périls de la mer je n'y songeai pas et m'endormis. Vers les cinq heures du matin je me réveillai et comme personne ne bougeait, j'attendis. Je me pris à songer et pour la première fois je me demandai ce que j'étais venu faire ici et quel travail on allait exiger de moi. Cela ne me tourmenta pas longtemps, car j'étais réellement très heureux. Bientôt tout le monde se leva, et je fis comme les autres.

A sept heures nous levâmes l'ancre, et comme la brise et la marée étaient en notre faveur, nous descendîmes rapidement la Tamise. Le temps était devenu très doux, comme il arrive d'ailleurs fréquemment en Angleterre à cette époque de l'année. Le capitaine n'ayant rien à faire, je lui demandai quelques renseignements au sujet du travail qu'il attendait de moi.

Il me satisfit très promptement : « Mon garçon, me dit-il, vous ferez tout ce qu'on vous dira de faire, à l'instant même, et quand on ne vous dira rien, vous ne ferez rien, ou vous ferez ce que vous voudrez. Je vous ai vu, l'autre jour, dans un canot, vous y maniiez l'aviron et puis, à la façon dont vous avez amarré le canot, j'ai bien vu que vous êtes marin. Est-ce vrai?

— Parfaitement vrai.

— Sans cela vous pouvez être sûr que je ne vous aurais pas pris, car vous aurez bientôt l'occasion de reprendre l'aviron. »

Je fus satisfait et l'eusse été à moins.

De son côté, mon capitaine fut très aise d'apprendre que j'étais très fort sur les nœuds, les épissures, les amarrages et tous les ouvrages du même genre, car, à bord d'un voilier, il y a toujours des réparations à faire dans le gréement. J'avais appris tout cela depuis longtemps avec nos pêcheurs de la côte.

Je mis à profit les paroles du capitaine et
me promenai tout bonnement sur le pont
en jouissant du spectacle toujours intéressant de la Tamise en aval du pont de Londres. Le soleil était radieux et on se serait
cru au printemps. Aussi étais-je joyeux, et
l'étais-je d'autant plus que le passé encore
si récent m'apparaissait plus sombre encore.
Ces terribles nuits me revenaient sans cesse
à l'esprit, comme elles y reviennent encore
aujourd'hui, après plus de quarante années.
A l'heure du crépuscule, l'hiver, lorsque
dans ma bibliothèque, les pieds devant le
feu et entouré d'un certain confort, le vent
mugit en s'engouffrant dans les cheminées
qu'il fait gémir, quand la pluie bat les
vitres, je les revois ces nuits sans gîte et ces
jours sans pain, et je pense aux malheureux.
Je songe à tous ceux qui sont dans le besoin
et je m'attriste. Le brouillard est peu
réjouissant quand on le regarde à travers
les fenêtres d'un appartement où règne un

certain luxe et où brille un bon feu. Songez alors à ce qu'il doit être pour le malheureux sans asile, qu'il enveloppe de toute part comme un linceul humide. On se demande, et je me le demande souvent, comment des hommes peuvent exister dans cette misère noire, heure par heure, jour par jour, sans que le désespoir les gagne. Une divinité veille-t-elle sur les épaves humaines et leur souffle-t-elle à l'oreille que ces misères sont un temps d'épreuves seulement et que, derrière le nuage le plus sombre, se cache la lumière resplendissante du soleil?

Si ma première nuit à bord fut une nuit heureuse, ma première journée le fut aussi. J'étais en effet chez moi, car un navire est bien un chez-soi, un chez-soi auquel on s'attache vite. On y est en paix, et s'il y a des coups de vent et des nuits pendant les-quelles il faut lutter contre la tempête, il y a aussi du beau temps. Il y a mieux encore : il y a d'autres hommes qu'on apprend à aimer, des frères toujours prêts à partager les dangers et à vous tendre une main secourable en cas de besoin. Là est la vraie solidarité, car chacun y travaille pour tous.

*
* *

Au bout de quatre à cinq jours j'étais tout à fait chez moi. Je devins bientôt très populaire à bord. Je fis, il est vrai, de mon mieux pour le devenir. Un jour qu'il faisait très beau, trop beau même, car la brise était trop molle pour faire voile, le charpentier du bord me demanda d'aller lui chercher une enclume placée à l'arrière du bâtiment et de la lui apporter à l'avant. Or, la veille déjà, on s'était servi de cette même enclume, et, comme un homme fort aime toujours à se prouver sa force, j'avais essayé de la soulever d'une main en la prenant par l'une des bigornes, et j'avais parfaitement réussi, cette enclume ne pesant qu'une centaine de livres, au plus, sans compter le billot sur lequel elle était montée. Aussi je ne fis ni une ni deux. Je pris l'enclume d'une seule main et la portai à l'avant le plus naturellement du monde. Cela me valut les applaudissements de la galerie, tant est grande notre admiration pour la force physique. On a peut-être un peu raison, et la fameuse force morale, dont on parle tant, pourrait bien n'être qu'un simple effet de la force physique et d'une bonne constitution.

Inutile d'entrer dans le détail de ce que je fis pendant mon séjour à bord, c'est-à-dire pendant huit mois, qui ne sont ni les plus malheureux, ni les moins utiles de mon existence.

Il me suffira de dire que nous faisions plus de commerce que de pêche.

Nous n'eûmes pas plus tôt rallié la flotte des *Short Blues*, comme on appelait les bateaux de pêche anglais qui fréquentaient les parages du Dogger bank, que commença entre nous et la flotte de pêche un va-et-vient continuel. Tantôt on venait à notre bord, tantôt nous allions accoster un bateau ou l'autre. Je m'aperçus bientôt qu'il fallait être solide pour faire notre métier. Manier l'aviron vingt fois par jour dans cette mer du Nord où il y a presque toujours une forte houle n'est pas peu de chose. Quand c'était le tour de quart, il fallait toujours avoir l'œil sur la flotille et voir si le *creagan* n'était pas arboré quelque part. Ce *creagan* consiste en un sac à farine ou en un ciré qu'on attache sur un mât de pavillon de poupe. Ce signal veut dire qu'on a besoin des marchandises du *koop-man*. En effet, j'étais à bord d'une de ces *schluits* hollandaises dont le métier est surtout de vendre du tabac, du genièvre, du rhum, de l'eau-de-vie anisée et, parfois, des vêtements aux pêcheurs de la mer du Nord. Quand on voit le *creagan* à bord d'un bateau de pêche, on sait ce que cela veut dire et on part dans un canot chargé de marchandises. Parfois les pêcheurs viennent eux-mêmes à bord.

Je ne savais pas alors que ces *koopmen* passent pour être l'incarnation du diable et je ne l'ai su que beaucoup plus tard. Or, voici la vérité telle que je l'ai vue.

Le *koopman*, que les Anglais appellent *cooper*, vend du tabac, des alcools et des vêtements. Son nom lui vient du verbe hollandais *koopen*, acheter. Le grand commerce du *koopman*, c'est le tabac qu'il vendait alors un shilling et six pence la livre au lieu de cinq ou six shillings qu'il coûtait en Angleterre. Ce tabac était excellent, bien plus fort que le tabac anglais, ce qui faisait le compte des pêcheurs. Le *koopman* vend aussi de l'alcool à deux francs le litre. C'est à cela que se bornent ses méfaits.

Les Anglais, et après eux les Français, ont découvert que, si les pêcheurs ne trouvaient pas d'alcool en mer, ils n'en achèteraient pas. Il n'était pas nécessaire de beaucoup de perspicacité pour faire cette magnifique découverte. Qu'arriverait-il alors? Ce qui arrive aujourd'hui. Le pêcheur, au lieu d'acheter son alcool en mer, l'achète à terre avant de partir, mais le paye le double au moins. On oublie que les amateurs d'alcool en trouveront toujours. Et puis le *koopman* n'était pas toujours un étranger. Beaucoup étaient Anglais. En ce qui me concerne, j'affirme n'avoir jamais vu les pêcheurs anglais s'enivrer à notre bord, ce qui d'ailleurs eût été un peu embarrassant. On leur vendait du tabac, du rhum, du genièvre, de l'eau-de-vie anisée qu'ils consommaient à leur bord. Parfois, on échangeait avec eux du tabac ou de l'alcool pour du poisson, mais rarement. On leur vendait aussi des effets d'habillement. Le mot de la fin, c'est que toute l'indignation dont on a fait parade a été dictée par l'intérêt personnel et qu'on ne s'est jamais soucié des pêcheurs. Les débitants de boisson, surtout en Angleterre, se sont vus lésés dans leurs intérêts, et comme ce sont d'importants agents électoraux, il a fallu les ménager.

*
* *

Nous allions quelquefois à Niewport et à Ostende pour y prendre du tabac et du rhum. Après avoir tenu la mer pendant environ deux mois et demi, nous allâmes passer une dizaine de jours à Rotterdam, pour nous ravitailler et réparer quelques petites avaries. Notre séjour dans cette belle ville fut fort agréable. Nous avions à travailler jusqu'à trois ou quatre heures de l'après-midi, après quoi nous étions libres jusqu'au lendemain, sauf un seul homme de garde à bord. Étant amarrés à quai, nous pouvions aller et venir avec la plus grande facilité. Deux fois, pendant ce séjour, j'allai dîner chez mon capitaine. Il possédait une charmante maison dans le Buitenstad. C'est que le *koopman* gagnait alors beaucoup d'argent; la clientèle était nombreuse, la concurrence peu acharnée, le crédit inconnu.

Ce capitaine était vieux garçon et sa mère habitait sa maison. Cette brave femme était le vrai type de la Hollandaise de Rembrandt.

Nos marchandises à bord et nos avaries réparées, nous reprîmes la mer. Deux fois encore nous allâmes à Rotterdam, mais sans y faire un long séjour. Nous visitâmes aussi Hambourg.

Je n'étais certainement pas malheureux à bord, j'aimais cette vie libre de l'homme de mer. Malgré cela, ou peut-être même à cause de cela, il m'arrivait parfois de songer à l'avenir et de me questionner moi-même. Je me disais alors : « Tu n'es pas tout à fait à ta place et tu pourrais être autre chose. » Malheureusement, je ne voyais pas trop comment sortir de là et puis, à vrai dire, cette vie m'allait assez. Cependant, depuis quelques jours je commençais à en avoir assez, lorsqu'un événement aussi inattendu qu'important m'offrit tout à coup l'occasion de changer de condition et de rentrer en France.

V

Le steamer qui venait régulièrement
chercher le poisson au Dogger bank, pour
le transporter au marché de Billingsgate à
Londres, nous apporta une grande nouvelle. Ce n'était rien moins que celle de la
guerre entre la France et l'Allemagne. Cet
événement me fit prendre une résolution
soudaine : celle de quitter le métier que je
faisais et de retourner immédiatement en
France. Ce que je voulais aller faire en
France, je n'en savais absolument rien.
Faisant partie de la classe 69, le maire de
mon endroit avait tiré pour moi en mon
absence et il avait amené le numéro 114.
Or, comme nous étions 119 jeunes gens
inscrits pour le tirage, j'étais exempt. Je

l'étais doublement, ayant un frère alors sous les drapeaux. J'appartenais, il est vrai, à la mobile, force de création toute récente et d'ailleurs sans la moindre organisation. Personne ne se doutait en ce mois de juillet 1870, qu'on allait bientôt avoir recours à cette réserve pour faire le service en campagne. Tout le monde comptait que deux ou trois batailles rangées suffiraient pour amener la paix, après les victoires françaises s'entend. On ne songeait pas alors à l'envahissement du territoire par ce qu'on se plaisait à regarder comme de simples hordes de barbares.

L'étranger partageait d'ailleurs l'excellente opinion que nous avions de nos forces militaires; ce fut un très grand malheur pour nous.

Bien décidé à rentrer immédiatement en France, je fis part de cette résolution à mon capitaine. Il fut très fâché de me perdre, mais il ne s'opposa pas formellement à mon départ. Une demi-heure plus tard, j'allais à bord du vapeur dans notre youyou pour m'entendre avec le capitaine du steamer qui devait partir pour Londres aussitôt son chargement complet. Nous nous arrangeâmes très bien ensemble, et, à trois heures de l'après-midi, je quittai notre cher bateau pour aller à bord du vapeur, assez bien pourvu d'argent, de tabac et de genièvre. Le capitaine du vapeur ne voulut absolument rien me prendre, ni pour la traversée, ni pour la nourriture, et je le payai en lui laissant presque tout mon tabac et tout mon alcool, dont je n'avais que faire.

Arrivé à Londres, je mis aussitôt une lettre à la poste pour ma famille, annonçant ma prochaine arrivée. Le soir même, je partais pour Southampton et Saint-Malo. J'arrivai chez nous dans les premiers jours du mois d'août. Le plaisir de revoir ma famille fut attristé par le départ de mon frère pour l'armée de l'Est, et bientôt les gendarmes m'apportèrent aussi un ordre de route.

Au jour fixé, je me rendis à Granville. Nous n'y restâmes pas longtemps, car presque aussitôt on nous renvoya au chef-lieu de canton, où nous passâmes une bonne partie du mois d'août à faire l'exercice, à parler politique et à boire des moques. Singulière façon de défendre la patrie !

Le lieutenant-colonel de notre bataillon était un ancien officier de cuirassiers. C'était un ami de ma famille. Il voulut me faire sortir des rangs. Je préférai rester simple garde mobile, sachant qu'il y aurait toujours assez de gens prêts à accepter des grades. D'ailleurs, la plupart de nos officiers étaient des nobles du cru, absolument nuls en fait de connaissances militaires. Je n'avais aucune ambition de me mêler à leur société et d'ajouter au nombre des officiers incapables.

Les officiers militaires étaient peu nombreux. C'était d'abord le lieutenant-colonel, ancien chef d'escadron de cuirassiers, puis M. de G..., qui le remplaça quelques mois plus tard, et enfin le capitaine M. de C...

Bientôt on nous envoya plusieurs instructeurs sortis de l'armée, desquels on fit des sergents et des caporaux, placés sous les ordres d'un officier de l'armée active.

N'ayant presque rien à faire, aussitôt l'exercice terminé, nous rentrions dans nos familles jusqu'au lendemain. Ce fut ainsi que nous attrapâmes le mois de septembre, époque à laquelle on songea définitivement à nous armer et à nous utiliser.

Pour commencer, on nous donna de vieux fusils à piston, mais pas de cartouches, et on nous fit pratiquer la pantomime de la charge en douze temps. Ceci est de l'histoire. Évidemment ce qu'on nous avait dit n'était pas sérieux. Il était certain qu'on ne voulait pas se servir de nous comme défenseurs de la patrie. Aussi les réclamations furent-elles très vives de la part des hommes, qui voulurent savoir pourquoi on ne leur donnait pas de cartouches.

Nous apprîmes alors que ce refus de donner des cartouches aux hommes était motivé
par la crainte des accidents qui pourraient
se produire. Ceci est de l'histoire aussi.

La charge en douze temps continua donc
de nous occuper, ce qui ne nous empêcha
pas de demander toujours des cartouches.
Or, comme on le sut plus tard, le gouvernement n'avait pas de cartouches à nous
donner. N'eût-il pas été plus simple de
nous le dire franchement, plutôt que de
refuser des cartouches à des hommes dont
la plupart étaient chasseurs?

Bientôt nous cessâmes d'être les mobiles
d'A..., pour devenir les hommes du 30ᵉ régiment de marche.

Jusqu'alors notre équipement s'était composé d'une ceinture, d'un fusil et d'un havresac. On songea enfin à nous habiller en soldat, et on commença par la tête. Nous reçûmes des képis. Malheureusement, on n'alla pas plus loin.

Ce qui se passait alors dans le reste de la France, personne ne le savait, et à en juger par les conversations qu'on entendait autour de soi, peu d'hommes s'en souciaient, tant était grande la torpeur générale qui avait paralysé les Français de cette époque. Pour nous tirer de cette indifférence, il ne fallut rien moins que la nouvelle de la défaite de Mac-Mahon à Sedan et l'annonce de la proclamation de la République.

Si j'ai bonne mémoire, cette nouvelle nous arriva un dimanche. Elle jeta la consternation dans les rangs de nos officiers, mais, par contre, ce fut une jubilation générale chez les hommes, qui ne se cachèrent pas pour faire éclater leur joie.

Cela fit diversion pour un moment, mais bientôt nous retombâmes dans notre état de somnolence jusqu'au jour où nous reçûmes enfin l'ordre de partir pour Cherbourg où, paraît-il, les Prussiens allaient tenter un débarquement. On avait oublié que Cherbourg était défendu et par d'importantes fortifications et par une flotte qui ne l'était pas moins. On avait oublié aussi que l'Allemagne d'alors possédait à peine une marine de guerre. À notre arrivée à Cherbourg, nous retrouvâmes les autres bataillons de notre régiment.

Peu à peu, notre équipement se compléta et nous commençâmes à avoir tout à fait bonne façon. On ne nous laissa que peu de temps à Cherbourg, et au moment où nous nous y attendions le moins, on nous fit partir pour Carentan, où les Allemands, disait-on, allaient arriver par mer d'un instant à l'autre : on croyait toujours que l'Allemagne avait une flotte.

A Carentan nous ne vîmes pas d'Allemands. Nous les attendîmes longtemps, mais en pure perte.

Comprenant enfin que les Prussiens n'étaient pas assez niais pour tenter pareille aventure avec deux ou trois vieux vaisseaux, on songea enfin à nous faire aller où il y avait chance de rencontrer les armées de l'Allemagne.

*
* *

Nous partîmes pour Alençon, mais, comme on avait négligé de prendre les mesures nécessaires pour que ce voyage se fît le plus promptement possible et en évitant aux hommes des misères inutiles, nous ne trouvâmes pas de train à la gare de Chef-de-Pont. Nous n'y trouvâmes pas de vivres non plus. Il fallut faire contre fortune bon cœur et camper la nuit dans un marécage, en attendant mieux.

Le lendemain arriva enfin.

On nous distribua cinquante cartouches par homme, mais pas de rations, et on nous apprit que notre destination était Nogent-le-Rotrou, et non pas Alençon. Ce trajet ne se fit pas tout de suite. Heureusement, encore, qu'on trouva des vivres en route.

Plus nous approchions des plaines de la Beauce, plus le froid devenait intense. Il gelait presque tout le temps et, s'il ne gelait pas, il pleuvait à torrents, ce qui était pis encore.

Notre équipement était loin d'être au complet; aussi ceux qui, faute d'argent, n'avaient pu se procurer de bonnes chaussures et des chemises de flanelle, étaient-ils réellement bien misérables. Quant à moi, prévoyant les rigueurs de l'hiver, je m'étais pourvu d'une excellente paire de bottes, à grosses semelles bien ferrées, et de bons vêtements de dessous.

*
*   *

Les fameux chassepots, promis depuis
si longtemps, arrivèrent enfin, et ce fut avec
une joie indicible que nous les reçûmes car
nous approchions du moment où nous
allions être face à face avec les Prussiens.
Nous arrivâmes à Nogent-le-Rotrou. Nous
eûmes la malechance d'être détachés du
régiment pour aller occuper un affreux coin
de la Beauce, Chapelle-Royale, où, pour la
première fois, je sus ce qu'était une grand'-
garde. Jamais je n'ai eu si froid de ma vie
que dans ce pays exposé à tous les vents, et,
d'ailleurs, il gelait très fort. Le service des
grand'gardes devint de plus en plus fré-
quent, car les Allemands étaient peu éloi-
gnés, et de temps en temps, leurs éclaireurs
apparaissaient dans le lointain. De Chapelle-Royale, nous montâmes sur Chartres ;

mais à mi-chemin, tout près d'Illiers, nous nous trouvâmes face à face avec l'ennemi, et le combat s'engagea aussitôt. Notre bataillon ne fut pas très éprouvé, mais celui de Saint-Lô eut moins de bonheur et il perdit beaucoup de monde. Comme toujours, les Prussiens arrivèrent en masse, et il ne nous resta plus qu'à battre en retraite. Alors commencèrent ces marches et ces contre-marches, qui durèrent à peu près jusqu'à la fin de la campagne, et pendant lesquelles on perdit tant de monde. Ce fut la période de désarroi, période dont le principal résultat fut de démontrer l'incapacité notoire de ceux qui étaient supposés diriger la guerre, mais qui, de fait, ne dirigeaient rien et se laissaient aller au gré des événements.

On allait à l'aventure, sans plan arrêté, sans éclaireurs, sans se demander pourquoi on suivait une direction plutôt qu'une autre.

On nous fit marcher de nouveau sur

Nogent-le-Rotrou, où nos sacs ne furent pas plus tôt débouclés qu'il fallut les rendosser et reprendre, en toute hâte, la route de Bellesme. C'est que, en effet, les Prussiens nous suivaient l'épée dans les reins

Harassés de fatigue, mourant de faim, il fallut marcher toute la nuit sans désemparer. Au jour, la route présentait un spectacle navrant, surtout pour nous qui étions à l'arrière-garde. Aussi loin que la vue s'étendait, c'étaient des troupes marchant dans le plus grand désordre. Tout le monde avait la figure sombre. Personne ne parlait, chacun était plein de ses tristes pensées. Tout le long de la route, on rencontrait les cadavres de ceux qui étaient morts de faim, de froid, ou de fatigue; et chacun pensait que le même sort l'attendait. Presque tous les corps avaient été jetés dans les fossés qui bordent la route. Des malheureux étaient assis sur ces mêmes fossés et ils attendaient tranquillement que la mort vînt mettre un terme à leurs misères. Personne d'ailleurs ne songeait à eux. On leur jetait un regard et on passait.

Nous découvrîmes enfin la terre promise : c'était Bellesme, et cette vue nous remonta un peu le cœur. Les habitants nous reçurent comme leurs propres enfants. Tout le monde s'empressa autour de nous. Nous mourions de faim. J'entrai avec plusieurs autres dans une cour d'auberge, où nous trouvâmes à manger. Notre repas fini, nous allâmes nous coucher dans une écurie où on nous mit de la paille fraiche. Un moment plus tard j'étais plongé dans le plus profond sommeil, chose peu extraordinaire, car nous avions fait soixante-douze kilomètres, sac au dos, dans les vingt-quatre heures, et sous une pluie battante.

*
* *

Nous avions espéré faire un petit séjour dans cette bonne ville; malheureusement les Prussiens ne tardèrent pas à nous en chasser. Nous reprîmes la route et nous dirigeâmes sur le Mans, en passant par Mamers, où les habitants nous reçurent à bras ouverts. Les dames du Mans nous firent le meilleur accueil et nous donnèrent une masse de choses dont nous avions le plus grand besoin. Nous campâmes dans les rues de la ville. C'était fort pittoresque mais peu agréable, vu l'état du temps et de la saison. Pour la première fois depuis longtemps, on nous distribua des rations, au lieu des vingt sous qu'on nous donnait, et avec lesquels nous devions nous nourrir nous-mêmes.

*\
* *

Au Mans nous cessâmes d'être le 30ᵉ régiment de marche pour devenir le 21ᵉ corps de la deuxième armée de la Loire, 3ᵉ division, 2ᵉ brigade. Nos bataillons, en grande partie composés d'hommes de la Manche et d'anciens marins, on jugea à propos de nous placer sous le commandement d'officiers tirés de la flotte. Jaurès, notre commandant en chef, était, je crois, vice-amiral, et du Temple, contre-amiral. Dans cette troisième division se trouvait un fort contingent d'infanterie de marine et de matelots de la flotte, sans compter tous les terreneuviens, les pêcheurs d'Islande et les nombreux paysans qui, sans être actuellement marins de profession, faisaient pendant dix ou quinze ans une campagne annuelle à bord des *Terreneuviens* et des *Islandais*.

* *
*

Bientôt après, nous quittâmes le Mans, pour aller au camp du Grand-Lucé, d'où nous partîmes pour nous avancer encore une fois vers la Beauce, par Marchenoir et Baccon. Le froid était devenu intense et nous nous en aperçûmes lorsque nous quittâmes Saint-Calais, car il gelait à pierre fendre. Nous approchions de Vendôme, où l'on se battait probablement, car, pendant deux jours, on ne cessa d'entendre le canon. On était alors en décembre. Bientôt la nouvelle se répandit que nous avions un nouveau général en chef, dont beaucoup ignoraient le nom, mais avec qui on disait que nous allions marcher sur Paris. C'était le général Chanzy, que personne ne connaissait alors. Cela fit fort peu d'impression sur les hommes. On nous racontait depuis si longtemps que nous allions délivrer Paris, que personne n'y croyait plus. Cela ne nous empêchait pas de marcher toujours, quitte à battre en retraite le lendemain. On passa ainsi à Pezon, à Fontanié, à Fréteval, toujours au secours de Paris. Ce fut ainsi que nous arrivâmes à la Colombe par un froid sibérien. Ce fut là aussi que nous apprîmes l'évacuation d'Orléans par les Français.

De temps en temps, on livrait des combats aux Allemands, qui semblaient être partout, et qui nous serraient toujours de près, de si près même qu'à Fréteval on eut à peine le temps de passer la rivière et que, quand il fallut couper le pont, nous perdîmes beaucoup de monde dans ces combats de trois jours.

Ces combats n'étaient pas toujours favorables aux Allemands, tels, par exemple, ceux de Coulmiers, de Montfort et du Pont-de-Gennes ou ceux que nous livrâmes pendant deux jours aux Mecklembourgeois qui voulaient couper la retraite de l'armée qui se dirigeait sur Laval.

*
* *

Les marches forcées recommencèrent de nouveau, toujours sans but et sans résultat.

Nous gagnâmes ainsi Coulaine, où nous fûmes enfin en sûreté, au moins pour quelques jours, tant nous avions fait de kilomètres. J'eus la chance d'être logé chez un brave homme de menuisier, qui se mit en quatre pour nous. Nous passâmes une huitaine de jours chez lui, ce qui nous refit tout à fait.

En quittant Coulaine, nous nous dirigeâmes encore sur le Mans et en y arrivant j'eus la bonne fortune d'y rencontrer un vieil ami de mon père, chez qui j'avais passé de bien bonnes journées, deux ans auparavant, à Sablé. Il n'oublia pas de remplir ma bourse, qui ne contenait plus grand'chose depuis quelque temps.

*\
* *

Les autorités militaires, se doutant que les Prussiens viendraient sous peu nous remplacer au Mans, nous firent distribuer des uniformes tout neufs qui étaient en magasin. Nous en avions grand besoin. Cela nous remonta aussi le moral, et nous avions l'air tout à fait martial. Je crois que nous étions réellement devenus meilleurs soldats, rien que parce que nous n'avions plus honte de nos mauvaises vareuses en loques.

Vers le 10 janvier, il fallut quitter le Mans, sur lequel les Allemands arrivaient. Le lendemain matin, nous partîmes à la rencontre des armées du prince Frédéric-Charles. Il ne faisait pas bien froid mais la neige tombait par rafales et couvrait les routes d'une couche de dix à quinze centimètres, qui rendait la marche fort pénible. A la fin de la journée nous nous trouvâmes en pleine campagne et il fallut passer la nuit sur les routes. Ce fut l'une des pires nuits de toute la campagne.

Le lendemain, dès l'aurore, on entendit gronder le canon. Nous nous portâmes aussitôt dans la direction d'où venait le bruit, sans toutefois quitter la grand'route du Mans. Nous ne rencontrâmes l'ennemi nulle part, mais nous sûmes le lendemain que les Prussiens avaient vainement essayé de nous couper la route. Bientôt les troupes françaises évacuèrent le Mans, dont les Prussiens s'emparèrent.

Nous battîmes de nouveau en retraite. Toute la nuit nous marchâmes par des routes si mauvaises que nous avancions à peine. Après bien des heures de fatigue, nous atteignîmes Sillé-le-Guillaume, où les

Allemands s'efforcèrent de nous couper la retraite, sans toutefois y réussir, car nous repoussâmes les Bavarois, qui y laissèrent un grand nombre des leurs.

A quelques jours de là, nous arrivions à Mayenne, où la première nouvelle que nous apprîmes fut celle de la signature de l'armistice. Pour dire la vérité, cette nouvelle fut accueillie avec joie.

Au moment où nous espérions rentrer bientôt dans nos foyers, l'ordre arriva de nous diriger sur Bordeaux pour y protéger le gouvernement. On était alors au mois de février. Le jour de notre départ, il pleuvait à verse, et la pluie ne nous quitta pas de toute la journée. Ceux qui n'avaient pas de bonnes chaussures, et c'était le plus grand nombre, étaient bien malheureux par un pareil temps. Pour ajouter encore à notre misère, et par un manque de prévoyance difficile à comprendre, on nous faisait partir le matin très tard, au lieu de faire tout le contraire. Aussi arrivions-nous souvent à la nuit close et quand les boutiques étaient fermées. Il fallait faire lever les boutiquiers et on avait souvent toutes les peines du monde à découvrir son logement. Heureusement pour nous, nous n'allâmes pas jusqu'à Bordeaux. Poitiers fut la dernière ville que nous visitâmes sur la route. On nous y reçut littéralement comme des chiens galeux. Nous y restâmes jusqu'après la signature de la paix, mais toujours mal vus et en butte continuelle aux insultes de ces braves Poitevins.

Le 18 mars, jour où la Commune éclatait à Paris, on nous mena dans la cour du lycée où nous déposâmes nos armes. On nous y lut un discours du général Chanzy et un autre de Jaurès. Ces discours nous laissèrent froids, car nous n'avions jamais vu ces généraux de notre vie et nous les connaissions à peine de nom. Quant aux adieux de l'amiral du Temple, ce fut autre chose. Jamais il ne nous avait quittés; il avait toujours été au milieu de nous et nous l'aimions tous.

Vingt-quatre heures plus tard, nous quittions Poitiers sans le moindre regret. Ces bons Poitevins nous huèrent, de loin bien entendu, et nous appelèrent les pirates du nord. Jamais je n'ai pu comprendre d'où leur venait cette animosité. Nous nous étions très bien conduits à Poitiers, nous y avions dépensé de l'argent, beaucoup d'argent même, car tout le monde en avait reçu, et pas une seule plainte n'avait été portée contre qui que ce fût.

J'ai fini par croire qu'on nous en voulait tout simplement d'avoir fait la guerre, puisque les Bretons et autres ne furent pas traités mieux que nous ne le fûmes.

Les excellents habitants de Poitiers, qui avaient été bien tranquilles chez eux pendant toute la durée de la guerre, s'imaginaient, sans doute, que nous faisions un pareil métier à seule fin de nous divertir.

D'ailleurs, il en fut de même jusqu'à Fontevrault. Là, tout changea, et désormais nous fûmes dans un vrai pays de cocagne. À Montsorau, à Saumur, à Angers, on ne sut que faire pour nous bien traiter.

Nous arrivâmes enfin à Vire, dans les premiers jours d'avril. De là nous fûmes autorisés à rentrer dans nos foyers. Je pris la voiture de Villedieu où je m'arrêtai. Ni à Vire, où je passai la nuit à l'hôtel du Cheval-Blanc, ni à Villedieu chez le père Brochard, on ne voulut accepter un sou de moi, ni pour moi, ni pour la nourriture et le coucher de trois hommes malades, dont l'un blessé, que j'étais chargé d'accompagner.

Le lendemain, à quatre heures de l'après-midi, j'étais dans les bras de ma mère et retrouvai aussi mon père, ma sœur et mon frère revenu depuis quelques jours de l'armée de Ducroc.

VI

Mon livret m'apprend que je suis rentré dans mes foyers le 3 avril 1871.

Depuis quinze jours déjà, la Commune faisait parler d'elle. Mon frère, qui avait fait partie de l'armée de Ducroc, et dont le service avait légalement fini en décembre 1870, avait été l'un des premiers à être congédié. Il eut de la chance de quitter Paris le 16 mars, et d'être à Évreux le 17 et de rentrer à A... le jour même où éclatait l'insurrection communiste.

On ne fut pas longtemps à s'apercevoir, en province, que les communistes avaient bien monté leur affaire et qu'ils n'allaient pas abandonner la partie de si tôt. Ce fut d'abord l'étonnement, puis la stupéfaction, et bientôt on en vint à craindre le rappel de tous les hommes renvoyés depuis quelques jours dans leurs foyers. Ma famille jugea alors que le mieux serait de m'envoyer en Angleterre, pour quelques mois, puisque je désirais me perfectionner dans la langue anglaise. Je fus bientôt prêt, et d'ailleurs c'était le meilleur parti à prendre, puisque, pour l'instant, il n'y avait absolument rien à faire en France.

Je partis donc vers le 20 avril, complètement refait, habillé de neuf, le gousset passablement garni, et avec la perpective de recevoir, tous les mois, de quoi remplir ma bourse.

Le temps était superbe et le voyage de Saint-Malo à Southampton, et de cette dernière ville à Londres, fut un plaisir d'un bout à l'autre. A Londres, le temps était superbe aussi.

En arrivant dans la métropole anglaise, je laissai mes bagages à la gare de Waterloo

et me mis à la recherche d'un logement.
J'en trouvai un fort convenable dans Buc-
kingham Palace Road à un prix très raison-
nable. Je croyais y rester quelques mois,
mais j'y restai quinze jours à peine. Par
contre, j'étais venu en Angleterre pour y
finir mon anglais en quelques mois et je ne
comptais certainement pas faire un séjour
bien prolongé en Angleterre. Ce séjour a
duré près de quarante ans : preuve qu'il ne
faut jamais jurer de rien, et que l'incertain
est ce qu'il y a de plus certain dans la vie.

*
* *

Ma première journée à Londres fut très
agréable. La nuit de ce premier jour, je
dormis comme un bienheureux, malgré le
lit anglais, dont l'unique matelas était de
bourre, comme c'est un peu trop la coutume
dans cette bonne *Old England*, où on

étale tout son luxe dans le salon, et où on laisse les autres chambres dans une nudité parfois un peu trop spartiate.

Le lendemain matin, je sortis de bonne heure, achetai un journal et, après avoir fait un tour, je rentrai chez moi pour déjeuner.

Tout en dégustant mon thé et en mangeant mon *bacon* et mes œufs, je jetai les yeux sur le journal. Après avoir lu les hauts faits de MM. les Communards, je me mis à lire sur les annonces, pour me fortifier en anglais.

J'arrivai au *Scholastic advertisements* et découvris qu'on offrait des situations au pair dans deux écoles peu éloignées de Londres. Il y était dit qu'on devait s'adresser à un M. Beaver... près de *Regent Street*. Cela valait la peine de se déranger, car si je pouvais apprendre l'anglais sans qu'il m'en coutât autre chose que du travail, tout serait pour le mieux.

Deux heures plus tard, j'avais une entrevue avec ce monsieur ou plutôt avec son employé principal, que j'ai revu bien des fois depuis. Comme il était peu occupé, nous causâmes pendant un bout de temps de la guerre, puis de la Commune, et enfin de l'objet de ma visite.

J'appris alors que l'instruction étant libre en Angleterre, aussi libre que n'importe quel métier, on pouvait s'y établir maître de pension comme on se met cordonnier ou tailleur dans un autre pays, et qu'il n'est même nullement besoin d'apprentissage. C'était alors l'âge d'or du professorat, âge d'or qui existe toujours un peu, malgré les réformes introduites dans l'enseignement depuis dix ou quinze ans, réformes copiées, mal copiées d'ailleurs, sur ce vilain continent que la vieille et routinière Angleterre est de plus en plus forcée d'imiter.

Je ne fus pas peu surpris d'apprendre que j'avais toutes les qualités requises pour faire un professeur, et que mon interlocuteur se faisait fort de me trouver une place dans une bonne pension, non pas au pair, mais avec des appointements de quarante ou cinquante livres sterling et de plus la nourriture, le logement et le blanchissage.

Je n'en revenais pas, car, jamais de ma vie, je n'avais songé à l'enseignement, pour lequel d'ailleurs je n'avais aucun goût et ne semblais point fait.

M. Orellana, c'était le nom de cet employé, m'écrivit une lettre, qu'il me fit copier séance tenante. Cela fait, je partis, et lui promis de revenir lorsque j'aurais une réponse. Vingt-quatre heures plus tard, cette réponse arrivait et elle était favorable. Le principal désirait me voir personnellement. Je me rendis à son invitation, et deux jours s'étaient à peine écoulés depuis ma visite, lorsque le facteur m'apporta une lettre.

J'étais le candidat choisi. Le principal

avait décidé de profiter de mes lumières pour lui aider à instruire ses élèves.

Or, n'ayant pas ouvert un livre depuis deux ans, sauf ma grammaire anglaise, et encore à d'assez rares intervalles, je laisse à penser ce que devait être le professeur.

Je devais enseigner le français, l'allemand et le dessin et, deux fois par semaine, faire réciter aux élèves la grammaire latine.

Si cela n'était pas difficile, les élèves étant tous fort jeunes, encore fallait-il avoir une certaine aptitude à l'enseignement, chose que je n'ai jamais possédée à un bien haut degré. Cela ne m'a pas empêché de devenir par la suite un professeur fort connu en Angleterre, preuve que le professorat y est toujours un peu dans l'enfance.

Par contre, j'avais le don de la discipline, et j'avais la langue bien pendue, et ce sont peut-être ces qualités qui ont fait mon succès, et ce sont, en effet, des qualités qui ne sont pas à mépriser. Elles sont plus rares qu'on ne pense. Il faut dire aussi que, s'il y a si peu de professeurs respectés, c'est que peu d'entre eux savent commander. Il ne suffit pas que le professeur soit supérieur à ses élèves par les connaissances seulement, mais aussi et surtout par la bienséance, par la politesse, par le langage, par les manières, et qu'il fasse preuve de caractère en s'interdisant ses faiblesses à lui.

Je me rendis à l'établissement en question et m'y trouvai fort bien. La table était excellente, ma chambre très belle, bien meublée et fort agréable, donnant sur un grand jardin rempli de massifs et de parterres de fleurs, placés, çà et là, sur une vaste pelouse de gazon fin et soyeux comme l'Angleterre seule en produit. Au loin la vue s'étendait sur de riantes prairies, tachetées à droite et à gauche de jolies maisons de campagne. De l'autre côté l'on apercevait Bushey Park et le château d'Hampton Court. C'était dans ce parc que les élèves jouaient au cricket les mercredis et samedis après-midi ; ce fut là qu'on m'initia aux mystères du jeu national par excellence, à cette époque du moins.

Le directeur de la pension était un fort brave homme de ministre protestant, grand controversiste, un tant soit peu puritain et fort collet monté. Ce brave homme, dont le nom avait une certaine ressemblance avec celui de Fléchier, prétendait être de la famille du grand prédicateur français. C'était sa manie ; aussi, lui qui détestait tous les prêtres catholiques du fond du cœur, faisait-il une exception en faveur de Fléchier, qu'il regardait un peu comme protestant. Je devins bientôt très populaire dans cette pension de trente élèves, tous appartenant à de bonnes familles. Selon la coutume anglaise, je pris part aux jeux des élèves. Lorsque la

saison des bains arriva, j'acquis une grande
réputation comme nageur. Je la méritais. Il
me fut permis d'emmener les élèves faire
des parties de canotage sur la Tamise, si
belle et si agréable en cet endroit, entre
Richmond et Hampton Court.

C'est ainsi que, peu à peu, je prenais
tous mes degrés dans le professorat anglais.
Ces degrés en valent peut-être d'autres.
Qui sait? Moi, je suis arrivé à croire qu'ils
valent réellement mieux que d'autres.

Enfin j'eus la confiance entière de mon
principal. Je ne fis autre chose, pour la gagner, que de faire consciencieusement mon
travail et d'être d'une ponctualité à toute
épreuve.

J'avais un collègue, un Écossais, fort
brave homme, dont le seul défaut était de
ne jamais entendre la cloche le matin. J'entrepris de le réveiller, étant toujours levé
de bonne heure et bien avant les élèves,
qui ne quittaient le lit qu'à sept heures.

Cet Écossais était grand amateur de cricket et il soignait son « bat », ou sa « bat » — ce doit être féminin, il me semble, à cause de l'amour qu'on lui témoigne — comme si c'était un enfant gâté. Un jour, la mince ficelle qui s'enroule autour du manche s'étant défaite, j'offris de réparer le dégât. Il fallut quelque temps pour persuader à mon collègue qu'un tel accident était peu de chose. Enfin il me confia son trésor, sous ses yeux toutefois. Le malheur fut vite réparé, devant lui et devant six ou sept élèves fort étonnés de la science de leur professeur. Dès lors, j'eus de nombreuses « bats » à réparer. Ainsi les talents acquis à la mer me procurèrent une certaine célébrité. Peu après, un élève entreprit de faire un hamac en filet; il fallut le suspendre, ce hamac. Je me chargeai de la chose et confectionnai pour cela deux jolies pattes d'araignées en tresse. Ce fut un comble d'admiration.

* * *

Ce contact de tous les jours avec les élèves — élèves bien élevés s'il en fut — me rendait très familier avec la langue anglaise, à laquelle je travaillai d'ailleurs avec ardeur. Je lisais beaucoup mais lentement, et j'avais soin de mettre sur un bout de papier tous les mots dont je ne comprenais pas tout à fait le sens, ou dont la valeur me semblait devoir être étudiée. Ce fut de cette manière que j'arrivai plus tard à avoir un bon style en anglais et à écrire la langue d'une façon très correcte et suffisamment élégante pour que plusieurs journaux anglais n'hésitassent pas à me payer généreusement les articles fournis par moi dans la suite. Chose étrange, cette connaissance de la langue anglaise, qui a étonné les Anglais eux-mêmes et qui m'a souvent valu leurs louanges, n'a pas été jugée suffisante, en France, pour me permettre d'y enseigner l'anglais.

*\
* *

J'appris beaucoup de choses dans cette école, et, entre autres, que les parents anglais aiment beaucoup plus leurs enfants que les parents français, qui les aiment trop pour eux-mêmes. Nos écoliers, qui étaient des gamins de dix, douze et quatorze ans au plus, pouvaient aller, venir, courir, sauter, eu un mot s'amuser à leur guise, sans qu'il y eût toujours un malheureux pion derrière eux. On ne supposait pas que, lorsqu'un élève était libre de courir dans le parc de Bushey, il allait abuser de cette liberté pour faire des choses effroyables. C'est que la surveillance est un peu une manie en France. On prétend souvent que cela est indispensable, mais on a tort. Moi qui ai vu les deux systèmes en action, je prétends que la surveillance perpétuelle est le meilleur moyen de rendre les enfants sournois, et de leur faire songer à commettre des fautes auxquelles ils n'auraient jamais pensé sans la série des défenses tyranniques inventées spécialement contre eux. Encore faudrait-il que ceux qui s'imaginent que cette surveillance est utile et efficace fussent logiques. Pour qu'elle fût logique, il faudrait que le lycéen qui va faire son droit ou sa médecine ne passât pas en un moment de l'esclavage complet à la liberté sans restriction, autrement le jeune émancipé perdra complètement la tête, fera folie sur folie, se conduira comme un idiot, bien heureux encore s'il ne se détruit pas le corps et l'esprit.

On entend tous les jours des gens déplorer les écarts de la jeunesse et blâmer les jeunes gens de ne pas être aussi moraux que

dans le bon vieux temps, c'est-à-dire quand
les papas étaient jeunes, mais jamais il ne
vient à l'esprit de ces moroses censeurs de
se demander si nous ne récoltons pas les
fruits de ce que nous avons semé. On prend
bien garde qu'un lycéen ne reste pas cinq
minutes seul avec une jeune fille bien élevée,
puis, trois mois plus tard, on enlève la bride
et le mors, et on jette ce même lycéen, non
plus au milieu de jeunes filles bien élevées,
mais au milieu des filles.

Le jeune Anglais, lui, passe de l'école à
l'Université par une transition presque
insensible, puisqu'il n'y jouira pas d'une
liberté plus grande que les grands du collège. Il n'est peut-être pas plus moral que
l'étudiant français, mais ce que je puis affir-
mer, parce que j'ai vécu dans une des plus
fameuses Universités d'Angleterre, c'est
qu'il n'y fait pas d'aussi grandes bêtises
que l'étudiant français.

Résultat tout au profit de l'Angleterre,

parce qu'un jeune Anglais de douze à treize ans est plus homme qu'un petit Français de la classe bourgeoise à quinze ou seize ans.

Et puis, il y a aussi la tyrannie paternelle et maternelle, inconnue en Angleterre.

On nous dit souvent qu'il n'y a pas de pays où les enfants aient plus le respect de leurs parents qu'en France. Si, au lieu de respect on disait crainte, on aurait raison. L'enfant qui, dès son jeune âge, a toujours été habitué à faire tout ce que ses père et mère lui ont dit de faire, et que l'on ne manque pas de taxer d'ingratitude toutes les fois qu'il veut avoir une idée à lui et agir selon cette idée, se débarrasse très difficilement de la contrainte morale au moyen de laquelle on en a fait un être passif, toujours docile à la volonté des autres.

Quand l'enfant ainsi élevé sera devenu homme, deux cas se présenteront. S'il est naturellement peu énergique, il suivra docilement la voie tracée pour lui, que cette voie soit de son goût ou pas. S'il est énergique, il regimbera et sera bientôt mis au nombre des mauvaises têtes et des incorrigibles. De là tous les ratés si nombreux en France, de là tous les avocats inutiles, tous les petits rentiers de province dont la vie se passe inutilement, de là aussi tous les désœuvrés de la bourgeoisie, incapables d'un effort de volonté et qui passent la journée à s'abrutir dans les estaminets.

Les énergiques, qui, soit dit en passant, aiment généralement plus leurs parents que les autres, mais qui ont conscience de la dignité de l'homme, sont moins dociles et veulent suivre leur goût. Aussi sont-ils considérés comme des rebelles, et leur rébellion passe pour une atteinte aux droits sacrés de la paternité. On décrète alors en famille que l'enfant rebelle n'est bon à rien, que c'est une mauvaise tête ; bref, on lui coupe les vivres et on le laisse abandonné à ses propres efforts. Eh bien, malgré cela, il arrive, neuf fois sur dix, que cette mauvaise tête — les mauvaises têtes sont généralement de très bonnes têtes — réussit mieux que les autres; seulement, au lieu d'avoir une position à vingt-cinq ou trente ans, il n'arrive à s'en faire une que beaucoup plus tard.

Or, neuf fois sur dix, les parents conseillent à leurs enfants de faire telle ou telle chose, non pas parce qu'ils croient que cela sera plus avantageux, mais tout simplement pour se faire plaisir à eux-mêmes. N'est-ce pas pour cela qu'on fabrique les mariages comme on le fait en France? Et l'on s'étonne après cela qu'il y ait tant de divorces et si peu d'enfants!

Telles sont les quelques choses que j'appris bientôt en Angleterre, où, si tout n'est pas bon à imiter, il y a beaucoup à apprendre pour nous en matière d'éducation.

*
* *

L'été se passa avec une rapidité vertigineuse et très agréablement. Avant mon départ, il fut convenu que je reprendrais mon poste après les grandes vacances, à des appointements portés à soixante livres sterling.

J'allai passer quelques semaines dans ma famille et y restai jusqu'au 10 ou 12 septembre, époque à laquelle je devais partir de nouveau pour l'Angleterre.

VII

A mon retour, j'eus alors la malencontreuse idée de passer par Paris, où je désirais voir mon frère et où je voulais contempler aussi ce qui restait des ruines amoncelées par les sauvages de chez nous. Je descendis à l'hôtel de Suez, boulevard de Strasbourg. J'y étais à peine depuis vingt-quatre heures lorsqu'un monsieur se présenta chez moi. Je n'eus pas de peine à m'apercevoir qu'il était suivi de deux autres individus. Je priai ce monsieur d'entrer. Il entra, mais en maintenant la porte ouverte.

Je fus fort surpris d'apprendre qu'il était chargé de me conduire à la Préfecture de Police et qu'il m'engageait à le suivre sans faire la moindre résistance. Certain qu'il y avait erreur, je répondis à ce monsieur que j'étais tout prêt à l'accompagner. Quelques instants plus tard, je montai en fiacre en compagnie des trois agents. Je me mis à rire et leur demandai de quel grand crime j'étais accusé, mais il me fut impossible de tirer d'eux le moindre renseignement. Quant à moi j'étais loin de prendre la chose au tragique et, d'ailleurs, je ne m'épouvante pas pour si peu de chose.

Arrivé à la Préfecture de police, je fus introduit dans une pièce assez confortable, où un monsieur passablement mal habillé, que j'appris être un juge d'instruction, m'informa, avec des airs de croquemitaine, que j'étais accusé d'avoir participé à l'insurrection communiste, d'avoir excité le peuple à l'incendie, au meurtre, à la rébellion par mes articles de journaux, et que mon nom était M..., l'un des membres les plus connus de la Commune. Je souris en entendant cela. Résultat : fureur du juge d'instruction. Nouveaux rires de ma part. Nouvelle fureur du petit homme mal habillé. Si l'on veut faire respecter la dignité de la loi, pourquoi choisir, comme représentants de cette loi, des gens qui ont si peu de dignité personnelle, et dont les manières, la tenue, le langage prêtent bien plus au rire qu'au respect?

J'exhibai mon passeport : celui que je m'étais fait délivrer en quittant la France au mois d'avril et que j'avais fait viser au Consulat français de Londres, avant mon départ pour la France. J'ajoutai à cette pièce mon livret militaire; mais tout cela en pure perte. J'étais le M... qu'on cherchait, et voilà tout.

D'ailleurs j'avais passé quelques mois en Angleterre: donc je m'étais sauvé après les journées de Mai, et si j'étais là, actuellement, c'est que j'avais eu la sottise de retourner en France. Que répondre à cela?

Se contenter de hausser les épaules.

C'est ce que je fis. Les airs farouches de mon juge ne m'intimidant nullement, il finit par comprendre qu'il perdait son temps et il me dit, d'un ton beaucoup plus amène, que si je pouvais faire venir quelque personne connue à Paris, on pourrait m'autoriser à retourner à mon hôtel.

Je fis venir mon frère et un vieil ami de notre famille. Lorsqu'ils arrivèrent, les intelligents policiers déclarèrent, sans hésitation, que la personne supposée être mon frère ne l'était pas. Heureusement pour moi, notre ami offrit de faire prouver, par vingt témoins, que la personne qui se disait mon frère était bien réellement ce que nous prétendions. Il est vrai qu'entre mon frère et moi il y a une différence d'âge de près de seize ans, et que je suis beaucoup plus grand que lui.

Enfin, après des pourparlers à n'en plus finir, et grâce à ce que notre ami avait été officier de la garde nationale pendant le siège de Paris et qu'il était à Versailles pendant la Commune, il me fut permis de rentrer à mon hôtel, à condition de me présenter tous les matins et tous les soirs au bureau d'un certain commissaire de police où l'on me mena, mais accompagné d'un seul agent cette fois.

Avant de partir, je ne pus m'empêcher de décocher deux ou trois paroles peu flatteuses à M. le juge, qui menaça de me faire f... dedans et de m'envoyer à Satory pour qu'on m'y casse la g...

Je ne pus m'empêcher de comparer la procédure de notre pays avec celle qu'on avait suivi avec moi à Londres, et la comparaison n'était pas de nature à flatter l'orgueil national.

Ne sachant quand il me serait loisible de quitter Paris, j'écrivis à mon principal, lui racontant, en quelques mots, ce qui m'était arrivé. J'ajoutai que, ne pouvant lui fixer la date de mon retour en Angleterre, il ferait bien de se pourvoir d'un autre professeur.

En réponse je reçus de lui une charmante lettre et une déclaration visée par un magistrat anglais, déclaration affirmant que j'avais passé toute la période aiguë de la Commune à Hampton-Wick.

Je me hâtai de porter ce précieux document à la Préfecture. J'en attendais de grandes choses. Ce fut tout le contraire qui arriva. J'avais eu soin de traduire cette pièce moi-même, mais, à mon grand étonnement, l'employé supérieur, *très inférieur*, à qui je la présentai, la déclara suspecte et de valeur nulle. La pièce devait être envoyée par la voie hiérarchique et, quant à la traduction, elle devait être faite par un traducteur juré. Il termina son discours par une phrase un peu trop stéréotypée dans les bureaux de police de France : « J'ai bien envie de vous faire f... dedans. »

Je lui répondis un peu sur le même ton, au grand ébahissement des nigauds qui étaient dans son bureau, et mon homme, voyant qu'il avait affaire à forte partie, jugea prudent d'en rester là.

Je sortis du bureau, dont je fermai la porte avec fracas, et je m'attendais à quelque violence avant de pouvoir quitter la préfecture ; mais on jugea prudent de me laisser tranquille. Quinze jours plus tard, enfin, j'appris qu'on avait l'insigne obligeance de me permettre d'aller à mes affaires.

D'excuses, pas la moindre ; de remboursement de frais, pas un mot.

Or, si les erreurs sont possibles, surtout dans un pareil moment, je ne vois pas pourquoi on doive exclure toute politesse. Quand il a été reconnu qu'il y a eu erreur, ne pourrait-on pas au moins indemniser la victime ? Cela ne ruinerait pas la France. Quant aux excuses, il me semble que le pays qui se pique

— bien à tort d'ailleurs — d'être le plus poli de la terre, devrait commencer par là, d'autant plus que cela ne coûte rien.

Or, il est bon de savoir qu'une certaine ressemblance existait entre M... et moi, ressemblance d'ailleurs vague, très vague même et qui ne devait pas induire un policier en erreur. M. M... était fort petit et très malingre. Moi, au contraire, j'étais très grand et d'une complexion extrêmement robuste. M... avait dû bien changer pendant son séjour en Angleterre. Il avait le teint blême, moi le teint hâlé des gens qui ont beaucoup vécu en plein air. Il avait des cheveux d'un blond filasse : moi les cheveux châtain foncé. M... avait les membres grêles et la poitrine rentrée : moi des biceps de quarante centimètres et une mesure thoracique d'un mètre douze centimètres. L'anthropométrie n'existait pas encore, malheureusement pour moi.

*
* *

Le soir même de ce jour tant attendu, je partais de nouveau pour Londres, où j'arrivai le lendemain par la voie de Boulogne et la Tamise. Aussitôt arrivé, je courus à Hampton-Wick, mais ma place était prise ; et la seule consolation que j'obtins fut la promesse d'être réintégré dans mon poste après les vacances de Noël, si mon successeur ne faisait pas l'affaire.

VIII

Le lendemain matin, je me rendis chez
l'agent qui m'avait déjà placé, mais les
vacances étant finies dans toutes les écoles,
il ne restait plus que deux ou trois situations
disponibles. L'une de celles-ci était dans
une *Grammar School*, à Chigwell, à douze
ou quinze kilomètres de Londres. Le temps
étant précieux, l'agent me conseilla d'aller
voir le principal de suite, au lieu de lui écrire.

Je me rendis donc à Chigwell.

L'école avait bonne façon. Elle était
construite en brique, et gothique de style,
c'est-à-dire le pire de tous les styles pour une
école. Le jour y pénétrait avec peine, par des
fenêtres naturellement très étroites, rendues
plus étroites encore par des croisillons de

pierre qui les bouchaient aux trois quarts.

Je vis le principal.

Fatigué de chercher des professeurs, il me demanda ce que j'étais capable de faire et m'offrit immédiatement le poste, sans certificat ni références.

Ce poste était d'ailleurs peu lucratif. Il s'agissait d'enseigner le français de neuf heures du matin à midi, et l'allemand de deux heures à quatre heures tous les jours de la semaine, sauf le samedi et le dimanche. Le samedi, en effet, était jour de congé, mais l'on travaillait toute la journée du mercredi au lieu d'avoir un congé l'après-midi, comme dans la plupart des écoles anglaises.

Tout cela était fort bien, mais les émoluments l'étaient moins.

Ici je demande l'attention des Français à imagination prompte à s'enflammer. S'ils veulent bien réfléchir à ce que je vais leur dire, ils comprendront, peut-être, que, dans le pays des guinées, le professorat n'est pas toujours rétribué aussi largement qu'on pourrait le croire.

Le principal — un ministre anglican — m'apprit que les *Governors* de l'école, c'est-à-dire des bouchers, des boulangers, des taverniers, des fermiers et autres *ejusdem farinae*, offraient au professeur de langues vivantes une guinée par semaine, soit : 26 fr. 50 à peu près, plus sept shillings et six pence pour le voyage de Londres à Chigwell et le dîner à midi par-dessus le marché.

Je trouvai cela bien mince, néanmoins j'acceptai surtout pour voir ce qu'était cette école, bien déterminé, d'ailleurs, à ne pas rester longtemps dans une pareille galère : et galère c'était.

*
* *

Demeurant alors à l'extrémité occidentale de Londres, dans Acklam Road, près de Portobello Road, il me fallait, cinq jours par semaine, quitter le lit à quatre heures du matin, pour arriver à la gare de Fenchurch street en temps pour prendre le train de six heures et quelques minutes. De là, trois quarts d'heure de chemin de fer me menaient à Woodford Wells — le chemin de fer n'allait pas à Chigwell, — d'où je me rendais à l'école à pied, en cassant une croûte de pain sur la route, en guise de second déjeuner. J'avais à peu près trois kilomètres à faire.

A quatre heures de l'après-midi, j'avais fini. Je reprenais alors le même chemin que le matin, en sens inverse, et rentrai chez moi vers sept heures et demie ou huit heures du soir, car alors les omnibus étaient chers, et de Fenchurch street à Portobello Road cela coûtait six pence — soixante centimes.

C'était là de l'éducation physique pour le professeur de français, ou je ne m'y connais pas. J'étais loin de me douter alors que

j'inspecterais, un jour, cette même école et
que j'y serais reçu avec les prévenances
qu'on a toujours pour un inspecteur, que
le *headmaster* enverrait sa voiture à la
gare pour moi et que les professeurs me
seraient présentés.

*
* *

Le premier jour de mon entrée à l'école,
le principal m'installa au beau milieu d'une
salle de classe, où deux cents élèves pouvaient facilement prendre place. Je crus
assez niaisement que c'était là ma salle de
classe et m'estimai très heureux d'être si
bien partagé. L'illusion ne dura pas longtemps. La cloche sonna, les élèves rentrèrent, et, peu à peu, les bancs se remplirent.

Environ cent quatre-vingts élèves et six
professeurs s'installèrent. Je faisais le sep-
tième, et le principal, perché sur une

estrade au bout de la salle, faisait huit.

C'est la prière qui va commencer, pensai-je. Je ne m'étais pas trompé.

La prière finie, tous les élèves s'assirent. Les professeurs commencèrent alors leur classe. Mes élèves, au nombre de vingt environ, furent amenés par le principal autour de ma chaire et, comme il n'y avait point de bancs pour eux, ils se tinrent debout.

Bientôt nous fûmes huit à enseigner dans cette grande salle, aussi je laisse à penser quel brouhaha ce fut. Je cessai peu après de m'étonner d'avoir eu la place d'honneur et la seule chaire qui existât. Si, en effet, on m'avait fait cet honneur insigne, c'est que cette chaire était en face de la porte d'entrée et entre deux portes latérales par lesquelles venait un vent coulis qui vous arrivait droit, sans la moindre déviation. A moitié enfermé dans ma chaire, j'étais à peu près garanti, mais les malheureux écoliers étaient littéralement entre trois courants d'air.

La qualité de l'enseignement, je n'en dirai rien. Dans de pareilles conditions il ne saurait valoir grand'chose, et, en effet, il ne vaut rien. Heureusement qu'il a beaucoup changé depuis une vingtaine d'années.

Tel fut le métier que je fis jusqu'à la fin de novembre, sans autre distraction que mes longues promenades du soir et du matin.

Ce fut à cette époque que je fis la connaissance de plusieurs médiums londoniens, grâce à mon landlord qui l'était lui-même. Je pus ainsi assister, chez lui, à des séances de spiritisme. Cela me procura le plaisir d'entendre un jour le Grand Napoléon répondre à certaines questions posées par le médium dans le plus pur *cockney* du monde. Je vis aussi un piano passer à travers la cloison pour venir dans notre pièce, au lieu de passer par la porte, ce qui prouve que les esprits sont peu pratiques.

J'appris aussi que j'étais admirablement doué pour faire un médium. Cela se peut, malheureusement jusqu'ici les esprits n'ont pas daigné me faire signe, sûrement ils ne veulent pas de moi comme intermédiaire.

*
* *

Rentré chez moi le soir, je mangeais ce que j'avais acheté en route pour souper. C'était généralement du bœuf bouilli ou une côtelette de porc et du pain, le tout arrosé d'eau claire. L'eau de Londres est excellente et vaut mieux que la bière frelatée des tavernes.

Je n'étais nullement malheureux, bien au contraire. Je travaillais beaucoup. Je piochais mon allemand et mon anglais d'après un excellent système, le seul vrai et le seul bon, nonobstant les affirmations des farceurs qui prétendent enseigner une langue en vingt-cinq leçons, eux qui souvent n'ont pu réussir à en apprendre une en vingt-cinq ans, et malgré tous ceux qui préconisent, comme nouvelles, des méthodes qui ne le sont nullement et qui ont été condamnées autrefois.

Mon système, c'est celui de tous ceux qui ont appris quelque chose. Ce système est donc vieux, de plus il a été mis cent et cent fois à l'épreuve, et il a toujours donné d'excellents résultats. Il consiste tout simplement à travailler ferme et régulièrement. S'il s'agit de langues, il ne faut jamais passer un mot inconnu sans en chercher la signification ; il faut noter soigneusement toute expression idiomatique, toute nuance, et apprendre tout cela par cœur. Il n'y a qu'à vouloir pour réussir.

Étant alors assez avancé en anglais, je

lisais les auteurs classiques, toujours le crayon à la main. Quant à mon allemand, que j'avais appris autrefois en France, je traduisais des morceaux d'allemand en français, et huit ou dix jours plus tard, je retraduisais mes traductions en langue allemande, et comparais mon travail avec l'original.

Tout cela est bien simple n'est-ce pas? Et c'est cependant comme cela que je suis arrivé à savoir plusieurs langues assez convenablement et à pouvoir lire avec plaisir un assez grand nombre d'auteurs de diverses nationalités.

Je découvris un exemplaire en trois volumes d'un ouvrage alors beaucoup plus connu qu'il ne l'est aujourd'hui : les *Elegant Extracts*. Je l'achetai pour quelques shillings et je le possède encore. Peu de livres m'ont procuré autant de plaisir.

Plus tard, j'ai lu le dictionnaire anglais de Webster d'un bout à l'autre. Je dis bien, *lu d'un bout à l'autre*, et toujours le crayon à la main. C'est à cet intéressant exercice — je dis cela sérieusement — que je dois ma connaissance intime de la langue anglaise. Le premier venu peut faire la même chose, cela étant à la portée de toutes les intelligences.

Pour varier mes études, j'appris l'arithmétique anglaise et me mis à faire toutes sortes de calculs sur les poids et mesures, et découvris bientôt que le système anglais n'est pas aussi absurde que nous nous l'imaginons en France et que, s'il est inférieur au système décimal en quelques points, il a au moins le mérite de former d'excellents et rapides calculateurs, grâce aux nombreux diviseurs dont il est pourvu.

IX

Souvent, le samedi, j'allais dans un petit restaurant italien situé dans Portobello Road, pour avoir occasion de parler italien.

Ce fut là que je rencontrai un Français, avec qui je devais bientôt faire plus ample connaissance. Il était venu demander au patron de l'établissement de lui traduire une lettre anglaise qu'il venait de recevoir.

Ce Français, comme je l'appris bientôt, était un ancien soldat de la Commune. Il avait réussi à s'échapper de Paris et à gagner l'Angleterre. Il avait été contre-maitre à la fabrique de tapis d'Aubusson et, ayant quelque argent et des recommanda-tions, il avait monté une sorte d'atelier dans Portobello Road pour la réparation des tentures de tapisseries. La lettre dont il voulait la traduction avait rapport à son industrie.

Nous causâmes de la Commune, de son établissement et, finalement, il m'emmena avec lui pour me montrer son installation.

Grande fut ma surprise.

Je m'étais attendu à trouver un atelier de quelques pieds carrés et j'étais dans un grand bâtiment de vingt ou trente mètres de longueur, où travaillaient encore une quinzaine de femmes, et où se trouvaient un métier de haute lice et deux ou trois métiers de basse lice. Mon guide s'assit au métier de haute lice et me fit voir comment se fabrique la tapisserie des Gobelins.

Il avait été pendant plusieurs années dans ce célèbre établissement. Il travaillait tout aussi facilement sur le métier de basse lice. C'était un vrai artiste.

Ces métiers étaient fort primitifs, surtout

celui de haute lice. Je vis une fois de plus qu'il n'est nullement besoin de mécanisme fort compliqué pour faire de belles choses, lorsque l'artiste est là.

Il m'apprit que toutes les femmes qui travaillaient chez lui, à racommoder des tapisseries de grande valeur, étaient, sauf une ou deux, des épaves de la Commune. Elles avaient suivi leurs maris, ou plutôt leurs amants.

Ayant fait observer à ma nouvelle connaissance qu'une pareille installation avait dû coûter fort cher et qu'il fallait un certain capital pour faire marcher l'établissement, j'appris qu'un riche Anglais lui avait fait de fortes avances de fonds. Cet artiste tapissier fit une jolie fortune en quelques années, comme d'ailleurs plusieurs autres communistes réfugiés en Angleterre. Ici j'ouvre une parenthèse.

On ignore assez généralement que les Communistes appartenant à la classe ou-

vrière furent fort bien reçus en Angleterre.
Beaucoup de patrons anglais allèrent chercher dans leurs rangs les ouvriers habiles
qui s'y trouvaient. Il y eut même pendant
longtemps, à Londres, un bureau de placement pour les ouvriers français.

Encore une fois les Anglais tirèrent parti
de nos discordes civiles. Ils allèrent même
plus loin et donnèrent, pour professeurs à
leurs futurs officiers de l'armée et de la
marine, d'anciens officiers de la Commune.
L'un deux fut professeur de français du
roi George V, lorsque ce dernier était duc
d'York.

Comme j'examinais une superbe tenture,
à laquelle il manquait un coin d'un ou deux
pieds carrés sans compter la bordure :

— Tenez, me dit mon tapissier, voici

une tenture des Gobelins que je dois réparer, mais la difficulté qui me confronte est de refaire ce coin. La bordure, cela va tout seul, mais c'est ce coin si essentiel qui me tracasse.

— Pourquoi?

— Parce que je n'ai pas de dessinateur et que je ne sais pas dessiner moi-même; et puis, je ne sais pas non plus où me procurer une gravure du tableau qui a servi de modèle.

— Pour ça, je crois que la gravure se trouvera facilement.

— C'est possible, mais qui est-ce qui fera le dessin à l'échelle voulue et avec les couleurs nécessaires.

— Moi, parbleu! lui dis-je.

— Comment vous?

Je lui appris alors que j'avais été élève de l'École des Beaux-Arts.

Bref, il fut convenu que je viendrais le lendemain — c'était un dimanche — travailler à l'atelier.

Je le quittai et allai me procurer tout ce que je jugeai nécessaire à mon travail.

Je trouvai aussi une gravure du tableau original de Raphaël.

*
* *

Le lendemain je me rendis à l'atelier, où il m'attendait déjà. Je me mis au travail et, en deux ou trois heures, mon nouveau patron vit bien que j'étais l'homme.

Vers midi nous allâmes déjeuner chez lui et, dans l'après-midi, je retournai à mon travail, que je complétai vers les cinq heures.

Je reçus deux livres sterling, sans compter ce qu'il me donna pour l'achat des matériaux.

Je venais de gagner en quelques heures le double de ce que je recevais pour une semaine de labeur ingrat, et cela avec beaucoup moins de peine, et pour un travail très intéressant.

Apprenant qu'il aurait besoin de moi pendant quelque temps au moins, je jugeai à propos, dès le lendemain, de donner huit jours à mon école. Cela parut surprendre mon principal.

Bien m'en prit, car le temps, fort bon jusque-là, changea tout d'un coup et devint exécrable, surtout le matin et le soir à cause du brouillard humide et épais qui enveloppait Londres comme dans un suaire noir.

Je n'eus pas plutôt quitté la *Grammar School* de Chigwell que j'eus beaucoup de travail chez mon tapissier. Il lui arriva des tapisseries de l'Orient à réparer. Je fus alors obligé d'aller étudier au British Museum. Je quittai Acklam Road et trouvai une excellente chambre meublée près de Marylebone Road, dans Crawford Street, tout près de l'endroit où j'avais habité en arrivant à Londres. Le propriétaire de la maison tenait un magasin de chaussures au rez-de-chaussée.

Cet homme était vif comme un furet et parlait avec une rapidité extrême. Nous devînmes bientôt grands amis. Le soir il montait souvent chez moi fumer sa pipe et me voir travailler à mes dessins de tapisseries.

Un soir il m'aborda mystérieusement, en me demandant si je voulais gagner cinq guinées. N'ayant aucune objection à remplir ma bourse, je lui demandai ce qu'il fallait faire pour cela.

C'était fort simple. Il s'agissait d'orner la devanture de son magasin de peintures à l'huile appropriées à son commerce.

Quelques jours plus tard, je lui peignais des bottines et des souliers de toutes les

couleurs et de toutes les façons et, de
chaque côté, deux superbes cornes d'abondance, d'où s'échappaient des souliers
mignons à faire envie à Cendrillon. Mes
cornes d'abondance n'étaient pas de vulgaires cornets. Au contraire, elles étaient
tenues par des mains délicates et par des
bras qui disparaissaient peu à peu dans
une brume bleuâtre, derrière laquelle se
cachaient les bonnes fées. Ce fut un grand
succès artistique, le plus grand succès de
mon existence.

Plus tard je fis pour mon aimable propriétaire des étiquettes sur bristol. C'était
moins beau, mais cela rapportait presque
autant, et on pouvait faire ce travail-là au
coin du feu, sans être exposé aux regards
du public et sans craindre d'attraper une
fluxion de poitrine.

X

Pendant que je me livrais à ces travaux plus ou moins artistiques, je reçus une lettre m'informant que, le remplaçant, qui avait pris ma place dans la première école où j'avais enseigné, devant conserver son poste, je ferais bien de chercher une autre situation, sans plus tarder.

Je me rendis, en conséquence, à l'agence et, au bout de quelques jours, appris qu'on avait besoin d'un précepteur dans la famille d'un ministre protestant, et qu'il fallait, pour avoir quelque chance de réussite, parler le français parfaitement et l'allemand assez bien.

Je dois dire ici que je n'avais pas réussi à trouver une place dans une école. C'est qu'il était à ce moment fort difficile de se placer quand on n'avait pas un certificat d'ancien communard. Ceci est de l'histoire. Tous les anciens officiers de la Commune trouvaient des situations dans l'enseignement sans la moindre difficulté, beaucoup d'entre eux étant recommandés par un ancien proscrit de 1851, qui s'était fait une belle position en Angleterre.

Cet homme fourrait des communards partout. D'ailleurs, les Anglais couraient après ces gens-là, dont pas un ne savait un mot d'anglais, et dont beaucoup laissaient fort à désirer sous tous les rapports.

*
* *

Deux ou trois jours après ma visite à l'agence, on m'informa que le pasteur devait être à Londres, le lendemain, pour avoir une entrevue avec les candidats

choisis par lui comme ayant des chances.
J'étais du nombre.

Le lendemain, en effet, je vis ce monsieur et appris, le soir même, que j'étais
le candidat définitivement choisi. Quinze
jours plus tard, je partais pour une petite
bourgade du comté d'Essex, à environ
sept milles de Colchester.

C'était en pleine campagne. Je ne fus
pas logé dans la maison du pasteur, mais
dans un petit *cottage*, à trois cents mètres
de là. On me donna deux excellentes
chambres et je m'y installai en peu de
temps.

La famille du pasteur était nombreuse
et se composait du père et de la mère, de
neuf enfants et d'une institutrice anglaise.
Le père était un très bel homme, et la mère
avait dû être une fort belle femme dans
sa jeunesse. Je ne fus pas longtemps à
m'apercevoir que la discorde régnait dans
la famille. Cela ne contribua pas à m'en

rendre le séjour agréable. Le père était un excellent violoniste, je pourrais même dire un violoniste de grand talent, aussi toutes les semaines avions-nous d'excellents concerts dans son salon.

Dès le lendemain de mon arrivée, je me mis au travail avec quatre des garçons. Les jeunes filles et les plus jeunes enfants travaillaient avec l'institutrice. Mes appointements étaient peu élevés : soixante livres par an et, en plus, la nourriture, le logement et le blanchissage. Je devrais dire la nourriture moins le repas du soir, que je devais prendre à mes frais et faire préparer par la bonne femme qui habitait le *cottage* avec moi. Comme c'était là une dépense assez considérable, je me passais tout simplement de souper et n'en déjeunais que mieux le lendemain matin. Ce qui me fâcha, c'est qu'on ne m'en avait rien dit. Ce fut seulement le lendemain de mon arrivée qu'on me parla de cet arrangement assez extraordinaire.

A cinq heures du soir j'étais libre. J'allais alors faire une promenade dans les champs et je poussais parfois jusqu'à la mer, éloignée de six à sept kilomètres seulement. Rentré chez moi, je me mettais à travailler jusqu'à onze heures ou minuit.

Tout en continuant mes études linguistiques, je me mis sérieusement à repasser mes mathématiques et à étendre le cercle de mes connaissances dans cette branche. Je pris grand goût à cette étude et y devins assez fort pour envoyer de petits articles à un journal consacré aux mathématiques, comme plus tard des articles plus importants à notre *Bulletin des sciences mathématiques*.

*
* *

On ne fut pas longtemps à découvrir que je savais dessiner et peindre. Cela me valut l'insigne honneur de donner des leçons de dessin à toute la famille et des leçons d'aquarelle aux deux filles aînées. Ce fut d'ailleurs un simple surcroît de travail, car on ne songea jamais à me faire le moindre cadeau ou à m'offrir une récompense pécuniaire. J'ai toujours pensé que le pasteur ne voulait pas se dispenser de m'être reconnaissant. C'était d'ailleurs un assez drôle de corps que ce pasteur. Tous les jours, après le repas de midi, on buvait du vin de Porto au dessert. On ne m'en offrit, pour la première fois, que cinq ou six semaines après mon arrivée, et il va sans dire que je le refusai. On ne comprit jamais mon refus, preuve que les Anglais sont généralement peu perspicaces.

Il y avait quatre ou cinq semaines que j'étais dans cette maison, lorsqu'une tante des enfants arriva pour passer quelques semaines avec sa sœur.

Cette miss Kate était bien moins jolie que sa sœur. Elle approchait de la quarantaine. Nous fûmes bientôt grands amis. Jamais elle ne manquait une occasion de venir à mon *cottage*. Tantôt c'étaient des initiales à lui tracer sur des mouchoirs de poche, tantôt de la musique à copier, tantôt une phrase d'un livre français qu'elle ne comprenait pas tout à fait et qu'il fallait lui expliquer.

Je la regardais comme une sœur aînée — très aînée même, sans songer à autre chose. D'ailleurs je ne me croyais pas suffisamment important pour qu'une femme d'un certain rang, comme elle l'était, et jouissant d'une assez jolie fortune, pût voir autre chose en moi qu'un précepteur, c'est-à-dire une espèce de domestique un peu moins indépendant que le cocher ou le cuisinier, quoique beaucoup mieux élevé et plus instruit. Sans être très clairvoyant, je ne pouvais pas m'empêcher de remarquer que les visites de la dame devenaient très fréquentes et duraient quelquefois beaucoup plus longtemps que je ne le désirais.

Elle avait ainsi une quantité prodigieuse de mouchoirs de poche à broder, et plus elle lisait de français, plus elle rencontrait de difficultés qu'il me fallait résoudre. Tout cela était clair.

La veille de partir en vacances, au moment de Pâques, il n'y eut plus de doute sur les intentions de miss Kate. Elle m'offrit une fort jolie petite boite en écaille, dans laquelle je trouvai deux jolis cœurs bleus attachés l'un à l'autre par un ruban de même couleur !

*
* *

Quand je retournai à mon cottage, après mes quinze jours de vacances, miss Kate était encore au presbytère. Heureusement elle fut appelée à Londres quelques jours plus tard, mais elle n'y resta que le temps nécessaire et revint au presbytère.

Ses instances devinrent à la fois si pressantes que je résolus de quitter ma place. La position était très embarrassante, et puis aussi le préceptorat n'était pas dans mes goûts. Ce genre d'emploi sentait trop la domesticité, c'est-à-dire le seul genre de travail auquel je n'eusse jamais pu avoir recours pour vivre.

Je correspondais de temps en temps avec mon premier principal, ayant toujours dans mon idée de rentrer chez lui un jour ou l'autre.

Ce jour arriva à la fin de juillet 1872.

Quelques jours avant, j'avais eu une altercation avec le ministre, qui m'avait accusé d'avoir embrassé sa belle-sœur dans le salon. Or, rien n'était plus faux, et d'ailleurs mon héroïsme n'allait pas jusqu'à donner un baiser à une femme de quarante ans, grosse, mal bâtie, et qui n'avait jamais été belle, même gentille, à vingt ans. Que l'on ne s'imagine pas, d'après cela, que ce ministre fût un homme très moral. Loin de là. C'était au contraire un homme qui avait des idées très larges en ce qui concerne les rapports entre les sexes. Il avait tant d'amitié pour sa nièce, la fille de son frère, qu'il la faisait venir très souvent au presbytère. Elle n'y était pas plus tôt arrivée qu'il l'emmenait à Londres pour quatre ou cinq jours, au grand déplaisir de l'épouse légitime, dont je devins le confident involontaire.

Cette accusation me donna donc une excellente occasion de quitter cette maison, et je dis au pasteur qu'assurément il ne désirait pas conserver un pareil homme chez lui. Ce n'était pas là son affaire et il offrit même de m'augmenter de vingt livres si je voulais rester dans sa famille.

Je refusai et pris congé de lui le 27 ou 28 juillet.

XI

J'allai passer mes vacances en Allemagne et retournai à Hampton-Wick vers la fin de septembre. J'y retrouvai ma chambre, mon collègue anglais et beaucoup des élèves que j'y avais connus. Étant devenu très fort en anglais, je fus chargé d'une partie du latin, en sus du français et de l'allemand, et j'eus aussi la première classe de mathématiques. Ce fut là que j'appris à devenir professeur universel, c'est-à-dire que je me mis à enseigner n'importe quoi. Il s'agit pour cela d'être d'une page ou deux en avance sur ses élèves.

*
* *

Les vacances de Noël approchaient, lorsqu'une après-midi on me dit que le principal désirait me parler.

J'allai aussitôt dans son cabinet de travail et appris que M. Burgess, père de deux de nos plus riches élèves, désirait savoir si je consentirais à passer les cinq semaines des vacances de Noël avec sa famille, à voyager dans le midi de la France et en Italie. Que si j'acceptais, on me donnerait dix guinées, tous frais payés. Ma réponse ne se fit pas attendre, je fus présenté au monsieur et en quelques minutes tout fut arrangé.

Dès lors je comptais les jours qui me séparaient du bienheureux moment où je verrais cette belle Italie, dont je ne connaissais qu'un tout petit coin. J'allais donc enfin voir cette terre des arts, dont le nom avait un si puissant attrait pour moi.

Le moment tant désiré arriva enfin. Nous allâmes de Londres à Paris et, de cette dernière ville, droit à Turin. Nous visitâmes Florence, Rome, Naples, poussâmes jusqu'à Pæstum, revînmes à Naples, d'où nous fîmes l'ascension du Vésuve et retournâmes par Rome, Pise, Bologne, Venise et la Lombardie jusqu'à Milan et Gênes, rentrant en France par Nice, Cannes, Toulon et Marseille.

Mais, au lieu de cinq semaines, nous en mîmes sept, et le jour où les vacances expiraient nous étions en route pour Venise. Il va sans dire que M. Burgess avait écrit à mon principal pour lui demander de me faire remplacer, à ses frais, pendant trois semaines ou un mois.

*
* *

Je repris enfin mon travail jusqu'à Pâques. Puis vint l'été, fort agréable en cet endroit à cause de la proximité de la Tamise et du parc d'Hampton-Court. L'été fut chaud, mais très orageux.

La nièce du principal vint au mois de juin. Une gentille Anglaise, blonde comme les blés murs, éveillée, alerte et aimant beaucoup le canotage. Elle ne ressemblait nullement à son oncle et n'était pas entachée de ce puritanisme étroit qui gâtait beaucoup de choses chez ce brave homme. D'ailleurs son père était médecin et c'était un joyeux compère.

Ce n'était plus là miss Kate. Il fut bientôt question de faire du canotage. On en référa au père et à la mère, qui n'offrirent pas la moindre objection. Pour la forme on nous fit accompagner d'un ou deux élèves. Nous fîmes ainsi d'excellentes parties.

Un soir de juillet que nous étions allés à Hampton-Court, après le thé nous restâmes dans le parc plus tard que de coutume, et lorsque nous revînmes au pont où était notre embarcation, il était près de huit heures. Le temps s'était assombri et de gros nuages d'orage s'amoncelaient au-dessus de la rivière, bordée en cet endroit de grands arbres séculaires, dont les rameaux touffus jetaient une ombre fort épaisse sur les eaux de la Tamise.

Nous commençâmes à redescendre le fleuve.

J'avais les avirons. Miss Blanche — c'était son nom — gouvernait, et l'élève qui nous accompagnait, un petit blondin, fils d'un colonel, était couché au fond de la barque à l'avant et contemplait probablement le ciel sans s'occuper de nous. Moi, je regardais le visage éveillé de miss Blanche. Me regardait-elle comme je la regardais, je n'en sais rien. Mais ce que je sais, c'est que tout à coup un violent choc se produisit.

Heureusement personne ne perdit la tête. Nous avions tout simplement abordé une embarcation de plaisance, dont la quille se trouvait en ce moment en l'air. Le monsieur et la dame qui la montaient un instant auparavant, étaient dans l'eau. La dame avait réussi, je ne sais comment, à s'accrocher à l'étrave de notre *outrigger*, qui enfonçait prodigieusement, et son mari, qui évidemment ne savait pas nager, était supporté par son propre canot.

Je saisis promptement la situation. Personne n'étant là pour nous aider, je débarquai mon monde avec précaution pour ne pas chavirer. Cela fait, je me jetai à l'eau, atteignit l'autre bateau et remorquai bateau et naufragé à terre. Tout cela fut facile et prit peu de temps.

Le pire fut de retrouver les rames, les coussins, le gouvernail. Au lieu de rentrer à Hampton-Wick vers huit heures et demie, nous n'atteignîmes le pont de Kingston qu'à près de dix heures. Nous y trouvâmes l'oncle et la tante, dont l'inquiétude était grande. Heureusement tout finit par des rires et un excellent souper, sans compter que j'avais eu le plaisir de porter miss Blanche dans mes bras pour l'empêcher de se mouiller.

Nous allâmes bien d'autres fois encore sur la rivière, moi aux avirons, miss Blanche au gouvernail; mais, bien que mes yeux préférassent regarder vers l'arrière du bateau, je donnais de temps en temps un coup d'œil vers l'avant.

Ainsi se passèrent ces mois de l'été de 1873.

Aux grandes vacances je partis pour Cassel, en Allemagne, et passai plusieurs semaines dans ce charmant endroit, ne parlant qu'allemand, vivant comme les Allemands, travaillant ferme et usant presque complètement mon dictionnaire à force de le feuilleter.

C'est qu'alors on n'avait pas encore inventé les méthodes perfectionnées d'apprendre les langues.

On ne connaissait pas la phonétique expérimentale, on n'avait pas encore songé aux appareils de torture dont on se sert aujourd'hui, et le Collège de France ne possédait pas un laboratoire de phonétique — *fonétique, fonaitique, fauxneztic, foneztic* je ne sais plus comment l'écrire — expérimentale, ce même laboratoire d'où était sans doute sorti le maitre de philosophie de M. Jourdain. Seulement, et ceci est étrange, il y avait des gens qui arrivaient, malgré tout, à savoir les langues et à parler même l'anglais avec sa prononciation plus qu'extraordinaire.

XII

Je rentrai à Londres vers le 15 septembre, quatre ou cinq jours seulement avant l'époque fixée pour la reprise des classes. Ces quatre jours, j'avais dessein de les passer à Londres, sans me douter que je ne devais plus retourner à Hampton-Wick.

En effet, le lendemain de mon arrivée, passant par hasard dans Pall Mall, l'idée me vint d'entrer au *Army and Navy Club* et de demander si un certain chirurgien major s'y trouvait. Nous nous étions rencontrés à Rome pour la première fois. Il était descendu à l'*Hotel de l'Europe*, où nous nous trouvions aussi, et une certaine communauté de goûts artistiques nous avait liés.

Depuis mon retour en Angleterre je l'avais revu plusieurs fois, et nous avions même échangé quelques lettres.

J'eus la chance de le trouver au club.

— Vous arrivez à point nommé, me dit-il ; mon ami, le colonel Birch, cherche un précepteur pour ses deux fils et il veut quelqu'un qui parle au moins deux langues et qui en écorche trois ou quatre autres. J'ai songé à vous et j'allais vous en écrire.

— Je vous remercie, mais pensez-vous que je puisse faire l'affaire.

— Si je ne le pensais pas, je ne vous en aurais pas parlé.

Comme nous causions, le colonel arriva.

C'était un fort bel homme de cinquante à cinquante-cinq ans. Je lui fus présenté et parus lui plaire.

Il me demanda un nombre infini de questions, et finalement il fut convenu que si les renseignements fournis par mon prin-

cipal étaient satisfaisants, il m'offrirait probablement le poste.

Après cette entrevue je volai à Hampton-
Wick. J'expliquai les choses à mon principal, et il fut convenu qu'il ne mettrait
aucun obstacle à me laisser accepter cette
nouvelle situation, si toutefois je reprenais
mon travail jusqu'à ce qu'il eût pourvu à
me remplacer.

Je fis part de cette décision au colonel.

Au lieu d'écrire, le colonel alla voir le
principal, et deux jours avant la rentrée, je
recevais un télégramme par lequel on me
priait de passer chez le colonel le lendemain matin, vers dix heures.

Le lendemain j'étais choisi.

Je me disposais déjà à rentrer à mon
école, comme il était convenu entre nous,
lorsque j'appris qu'un remplaçant avait été
trouvé.

Quelques jours plus tard je m'établissais
chez le colonel, dont la famille se composait

de sa femme, de deux jeunes filles de dix-
sept et vingt ans et de deux garçons, mes
élèves, l'un âgé de onze ans, l'autre de
treize à quatorze.

Comme nous devions beaucoup voyager,
j'allai passer quelques jours dans ma
famille, en France, et y laissai tout ce qui
ne devait pas m'être utile en voyage.

Je retournai à Londres, d'où nous partîmes bientôt pour l'Italie. D'Italie nous
allâmes en Sicile, où nous fîmes un long
voyage, accompagnés de soldats italiens à
cause du brigandage qui florissait alors
dans l'île.

De Sicile nous devions nous rendre en
Grèce, mais nous découvrîmes bientôt que
le plus court chemin pour se rendre au
Pirée était de passer par Naples. Cela nous
décida à retourner à Naples encore une fois,
et, pour nous y rendre, nous louâmes une
petite felouque. De Naples nous allâmes
donc en Grèce, puis, la Grèce visitée, nous

passâmes en Égypte et en Palestine, d'où nous gagnâmes Constantinople par Smyrne.

De Constantinople nous nous rendîmes à Vienne en Autriche, puis à Venise, où nous nous embarquâmes sur l'un des navires de la Compagnie *Peninsular and Oriental*.

Je ne décrirai même pas une partie de ces voyages. Je me contenterai de dire que ces mois passés à courir le monde me furent aussi utiles qu'agréables. Mon travail consistait à donner à mes deux élèves — je pourrais même dire à toute la famille — une sorte de résumé de l'histoire des pays que nous traversions. Aussitôt arrivés dans une ville où nous devions rester quelques jours, je me procurais les livres nécessaires que je lisais aussitôt. Quand nous étions installés pour huit ou quinze jours dans une grande ville, quelquefois pour plus longtemps, les deux garçons travaillaient avec moi pendant deux heures tous les matins, et c'était fini pour la journée, sauf les conversations. Je donnais aussi des leçons de français aux deux jeunes filles.

*
* *

Après une fort belle traversée, nous arrivâmes à Bombay, où nous passâmes quelques jours chez un ami du colonel. J'eus beaucoup de loisirs et en profitai pour aller voir avec mes élèves les curiosités principales de cette grande et belle ville. Notre première visite fut pour la *dokhma*, ou « Tour du silence », vaste et étrange ossuaire des Parsis situé à quelque distance de la ville. La tour s'élève triste et morne au milieu des palmiers de la colline de Malabar. Sa teinte d'un gris sombre ajoute encore à la tristesse du lieu. Les corps sont déposés sur le grillage qui ferme le sommet de la *dokhma*, et ils y sont promptement dévorés par les innombrables vautours planant sans cesse au-dessus. Les chairs sont vite enlevées, et bientôt il ne reste du corps que des ossements qui tombent à travers le grillage.

Le même jour, j'allai visiter le cimetière indien et, dans l'après-midi, un temple admirable à l'intérieur, mais bien différent des mosquées, où règne la propreté la plus méticuleuse.

Cette vie indienne séduit tout d'abord par les contrastes frappants qu'elle présente avec la nôtre, mais le charme dure peu. La première surprise passée, l'œil accoutumé à la bigarrure des costumes et aux teintes si variées et si séduisantes de la flore tropicale, on en vient vite à désirer ardemment la vie européenne et à la regretter.

Ce qui manque à ce pays, ce sont les *hommes*. Partout ce ne sont qu'esclaves volontaires et grands enfants assez niais. Si d'abord les coutumes bizarres amusent, ce n'est pas pour longtemps. La fatigue lui

succède, puis bientôt la pitié pour ces mil-
lions de créatures humaines s'abaissant de
leur plein gré devant leurs maîtres, qui ne
leur ont jamais demandé de s'avilir comme
ils semblent prendre plaisir à le faire.

De Bombay, nous nous rendîmes à
Madras, où nous passâmes quelques mois
variés par un voyage à Calcutta.

Tout cela fut délicieux, instructif surtout. Ainsi se passa toute l'année 1874. Je
profitai de mon séjour aux Indes pour me
fortifier dans l'étude des langues orien-
tales, surtout du sanskrit, que j'étudiai
avec un vieux *Pandit* de Madras. Cette
étude fut bientôt une passion pour moi,
et tous les jours j'allais dans la *ville
noire* — quartier des naturels — et y eus
bientôt d'excellents amis, avec qui j'ai long-

temps entretenu une correspondance suivie.

Les mois passés dans cette famille m'ont laissé de doux souvenirs. J'y étais choyé et gâté comme un enfant de la maison, et par le colonel et par sa femme, qui, je l'appris plus tard, avaient songé à moi pour leur cadette, miss Florence. Cette miss Florence était une superbe jeune femme, mais, soit que l'intimité dans laquelle nous vivions depuis longtemps déjà eût émoussé des sentiments naturels à mon âge en présence d'une jolie fille à qui je n'étais pas désagréable, soit qu'il y eût entre nous une certaine incompatibilité d'humeur, toujours est-il que je ne songeai jamais à elle pour femme. Au contraire, nous étions très souvent en désaccord l'un avec l'autre, tandis que sa sœur et moi nous nous entendions à merveille, mais toujours en frère et sœur.

Il est possible aussi que ma connaissance intime de la société anglaise des

Indes ait peu contribué à me donner le goût du mariage. J'avais rencontré dans cette société beaucoup trop de femmes mariées plus que légères et trop complaisantes pour les jeunes célibataires. J'en avais trop vu s'adonner au cognac, pour avoir une très grande admiration pour le beau sexe des Indes. Tout cela m'avait-il rendu aveugle sur les charmes de miss Florence, qui, du moins, ne ressemblait nullement par ses mœurs à beaucoup trop de jeunes Anglaises des Indes? Voilà ce que je ne saurais dire, bien que la famille Birch fût tout à fait exceptionnelle sous le rapport des mœurs et de la sobriété.

Je sus si bien gagner l'amitié et l'estime de cette famille que, lorsque le colonel eut décidé d'envoyer ses fils en Angleterre, pour y continuer leurs études, c'est à moi qu'il se fia pour ramener ses enfants en Europe où je les y laissai sains et saufs entre les mains de leur oncle maternel, à Londres.

XIII

J'étais libre encore une fois et, bien qu'il
n'y eût pas nécessité immédiate pour moi
de me procurer un emploi, je ne laissai pas
d'en chercher un. Cet emploi fut bientôt
trouvé. D'ailleurs le poste qu'on m'offrait
n'était pas fort difficile à obtenir : on ne
demandait aucune référence et l'agent seul
était chargé de conclure l'affaire. L'établissement dont il s'agissait n'était pas une
école de premier ordre, mais l'agent m'as-
sura qu'on y était bien, que j'y aurais une
bonne table, une excellente chambre à coucher et un cabinet de travail. Les appointements étaient de quatre-vingts livres sterling, soit deux mille francs. L'école était
située dans le Kent, dans un charmant en-

droit. Voulant connaître ce joli comté, j'acceptai le poste.

Je fus certainement surpris d'obtenir une place sans la moindre entrevue, sans même avoir échangé une lettre, mais, avec mon insouciance habituelle en ce qui me touche personnellement, cela ne me tracassa pas longtemps. Quelques jours plus tard, le mystère n'en était plus un.

J'étais tombé dans une de ces écoles décrites par Dickens dans son roman de *Nicholas Nickleby*. La peinture qu'il fait de *Dotheboyshall*, pour être un peu poussée au noir, n'en est pas moins exacte au fond.

Je ne tardai pas, — une fois à Sittingbourne, — d'y faire de grandes découvertes. Si le principal n'écrivait pas de lettres, c'est que son orthographe anglaise laissait beaucoup à désirer. Quant à la grammaire, c'était pour lui *terra incognita*. Cela ne l'empêchait pas d'être un très brave homme, et de faire fort bien son affaire comme chef d'institution.

Aussitôt arrivé, il m'offrit un excellent verre de porto et des biscuits, puis il me mena à ma chambre. Cette chambre était très gentille, bien meublée, et donnait sur une belle campagne couverte de houblonnières. Après cette visite à ma chambre il me mena en bas, où se trouvait l'autre pièce à moi destinée. On ne m'avait pas trompé, et c'était bel et bien un charmant petit coin où brillait un bon feu et où se trouvaient trois ou quatre cents volumes sur des rayons, un bureau et un piano.

Le lendemain de mon arrivée, les élèves rentrèrent à la pension : garçons et filles. Je dis bien *garçons* et *filles*.

L'établissement était, en effet, une de

ces écoles mixtes où l'on prend les deux
sexes pour les instruire, plus ou moins. Ces
écoles, pour n'être plus aussi communes
qu'autrefois, n'ont pas encore totalement
disparu du Royaume-Uni. C'est là un des
fruits de la liberté anglaise : lire « licence
anglaise ». Il va sans dire que les deux
sexes étaient séparés, sans toutefois que la
séparation fût complète, comme on le verra
tout à l'heure. A noter, en passant, que plusieurs éducateurs (?) modernes ne perdent
pas une occasion de prôner ce système.

Le soir de la rentrée, une autre surprise
m'était réservée. J'allai au dortoir pour
assister au coucher des élèves — des garçons, bien entendu — et je ne fus pas peu
étonné de les voir se fourrer à deux dans
le même lit et même à trois quand c'étaient
des petits. Aucun élève n'avait de lit à lui
tout seul. Cet admirable système est encore
en honneur, et je puis procurer aux incré-
dules la preuve de ce que j'avance s'ils

veulent faire avec moi un petit voyage en Angleterre.

D'ailleurs il était dit que je devais aller de surprise en surprise. Le lendemain matin, mon collègue me fut présenté. Il avait à peine dix-huit ou dix-neuf ans et il demeurait dans le village. Il était pompeusement désigné sur le prospectus comme professeur de mathématiques et d'anglais. Or, ce professeur de mathématiques était ancien élève de l'établissement, où jamais, en fait de mathématiques, on n'avait dépassé les deux premiers livres de la géométrie d'Euclide et les équations du premier degré en algèbre. J'avais aussi l'honneur de figurer sur le prospectus. J'y venais après le principal et y étais désigné sous la rubrique de « Professeur de langues anciennes et modernes ».

Or, trois élèves apprenaient quelques bribes de latin, personne ne faisait de grec, ni d'allemand ; mais tout le monde essayait d'apprendre le français. J'enseignais aussi le dessin et la gymnastique!! Après avoir fait une classe de français aux garçons, j'appris que j'étais aussi le professeur des filles. Le principal, lui, enseignait « les écritures saintes » sur lesquelles il était très fort, bien qu'il ne fût pas dans les ordres. C'était un dissident de l'église de Wesley, et le dimanche il prêchait fréquemment, et des sermons interminables.

Sa femme, plus instruite que lui — chose facile d'ailleurs — enseignait tout à ses élèves, sauf le français et le dessin qui m'étaient échus en partage. Elle se faisait aider par deux de ses plus grandes élèves.

Notre table était excellente, celle des garçons laissait beaucoup à désirer. Aux heures des repas, garçons et filles prenaient place dans le même réfectoire. Ce réfectoire servait aussi de salle de classe. Cette école se composait d'une quarantaine de garçons, tous pensionnaires, et de vingt-cinq à trente filles, pensionnaires aussi.

J'ai dit que la séparation entre les élèves n'était pas aussi complète qu'elle aurait pu, qu'elle aurait dû l'être, et en voici une preuve.

Un matin, après le déjeuner, j'étais assis dans mon cabinet de travail et je regardais la belle vue qui s'étendait au loin sur les adorables campagnes du Kent, lorsque quelque chose d'assez lourd me rasa la figure et tomba sur le plancher. Je ramassai l'objet; c'était évidemment une petite lettre, un billet doux à mon adresse, pensai-je. Non, il ne s'agissait nullement de moi. Cela commençait, en effet, par « Dearest Jack » et finissait par « Ever your loving Kate ». Je ne vous dirai pas le reste. C'était une effusion quelque peu poétique, et parfois érotique, d'une de nos jeunes *Miss* à l'un de nos écoliers. On avait pris soin de mettre une pièce de six pence dans le billet pour qu'il atteignît mieux le but, mais il avait été évidemment lancé par une main peu habile.

Quelques minutes plus tard, une des petites, sous prétexte de me demander de lui expliquer une phrase française, m'apporta une lettre. Celle-là, elle était bien pour moi. La pauvre Kate m'implorait de lui garder le secret. Je le lui promis et lui remis bientôt le malencontreux billet. Nous devînmes très bons amis et elle fut bientôt la meilleure élève de mes classes.

D'ailleurs, jeunes gens et jeunes filles correspondent un peu comme ils le veulent en Angleterre. Les uns prétendent qu'il n'y a aucun inconvénient à cela ; mais ce sont ceux qui prétendent qu'on doit tout permettre, et on ne discute pas avec eux.

Au lieu de diviser l'année scolaire en trois *terms*, comme on le fait dans les meilleures écoles anglaises, notre pension en était toujours au vieux système faisant de l'année scolaire deux moitiés à peu près égales. Aussi les grandes vacances, au lieu de commencer fin juillet, partaient-elles du vingt juin pour se terminer dans les premiers jours du mois d'août.

Il est à peine besoin d'ajouter que mon intention n'était pas de faire un séjour prolongé dans cette pension, et seule la perspective de recevoir mes 40 livres sterling au commencement des vacances m'avait fait patienter. Jamais, en effet, je n'ai trouvé le temps plus long que pendant mon court séjour à Sittingbourne, surtout à cause de mon entourage.

J'aurais pu supporter mon chef d'Institution qui était un brave homme, mais sa femme c'était autre chose. C'était une vraie mégère. Et puis toutes ces petites Anglaises de la classe quasi ouvrière, qui voulaient singer les *ladies*, étaient assez ennuyeuses, surtout les grandes qui voulaient *flirter* avec leur professeur, tout Français qu'il fût.

Et puis il y avait encore une chose qui ne me plaisait guère : c'était ma chambre à coucher, cette même chambre que j'avais trouvée si bien, lors de mon arrivée. Quelques jours suffirent pour m'en dégoûter. Je ne pouvais ouvrir ma fenêtre sans qu'aussitôt une odeur assez désagréable ne l'envahit. C'était une odeur fade et *sui generis*. Il ne me fallut pas plus de trois jours pour en découvrir la cause. A quelques mètres de ma fenêtre il y avait un abattoir. Comment un abattoir? Oui, rien de plus vrai. D'ailleurs quoi d'extraordinaire à ce qu'un petit endroit ait des abattoirs privés, puisque Londres n'a pas encore d'abattoirs publics et que, dans des villes comme York, Skields et autres, les bouchers tuent encore les bestiaux dans la boutique même, dont on se contente de baisser les stores pendant l'opération. Cela fait voir que, si les Anglais nous sont supérieurs en quelques choses, ils nous sont aussi inférieurs sur plusieurs points, malgré la supériorité tant prônée des Anglo-Saxons.

XIV

Les vacances venues, je partis pour la
France, où je comptais passer près de trois
mois, ne voulant rentrer que dans un établissement sérieux où les cours recommençaient en septembre.

Depuis une quinzaine de jours je jouis-
sais de la vie de famille, lorsqu'une après-
midi on m'apporta un télégramme. Il était
de l'agent placeur. Le message était laco-
nique. Il s'agissait de savoir si je voulais
accepter un poste en Irlande, dans l'un des
premiers collèges du pays, avec 2 500 francs
d'appointements, en plus de la table et du
logement. Comme condition indispensable,
être à son poste le 12 juillet, dans la soirée
au plus tard. Répondre « oui » ou « non ».

Cela raccourcissait singulièrement mes vacances, mais la perspective d'un bon poste, et surtout celle d'un voyage en Irlande étaient trop tentantes pour les refuser. J'acceptai donc.

Deux jours plus tard j'étais en route pour Londres. Je passai chez l'agent.

« C'est une excellente école, me dit-il, la meilleure de toute l'Irlande, une *Public School* bien connue pour ses succès dans les langues classiques. »

Le lendemain matin, muni de la lettre du Principal du Collège d'Ennis que l'agent me donna avec une lettre de lui, je partais pour Dublin par la route de North-Wall et arrivai dans la capitale de l'Irlande le soir même vers huit heures, par un temps superbe. C'était le 9 juillet.

Je passai la journée du lendemain à Dublin et, malgré le beau temps, malgré la beauté réelle de certaines rues de Dublin, malgré l'admirable parc du Phénix, jamais je n'ai éprouvé, nulle part, une telle impression de tristesse et de solitude.

Ni les belles constructions de la ville, ni les admirables promenades qui l'entourent, ni ces montagnes lointaines aux contours gracieux et qui terminent si agréablement la perspective de certaines rues, ne réussirent à rasséréner mes esprits attristés.

Toujours Dublin m'a paru une ville extraordinairement triste, non seulement Dublin mais toutes les villes irlandaises, toute l'Irlande même, malgré ses délicieux paysages. Cette ile est triste et morne, c'est bien là la belle et *verte Érin*, mais c'est aussi la terre des pleurs, et les brutalités des fanatiques soldats d'Ireton, visibles encore partout, ont laissé des traces trop profondes dans le cœur des Irlandais pour que leur ile soit jamais autre chose aujourd'hui que l'ile des douleurs et des amers souvenirs.

*
* *

Le 11, je quittai Dublin par le premier train et arrivai à Ennis, dans l'après-midi, vers cinq heures. Cette ville est tout à fait à l'ouest, près de Limerick. Arrivé à la gare, je pris un *side car* et me fis conduire au collège.

Comme ma voiture remontait la longue avenue plantée de grands ormes aboutissant au collège, je vis, sur le perron de douze à quinze marches, un monsieur habillé de noir. Il semblait surpris de voir ma voiture.

Arrivé à la grille, je descendis, montai le perron et demandai M. Barnes. C'était le monsieur habillé de noir, c'était le principal. Je lui dis qui j'étais et ce que je venais faire.

— Comment, dit-il, vous venez pour la place, mais je n'ai pas besoin de vous maintenant.

— Comment, vous n'avez pas besoin de moi?

— Mais non, c'est trop tôt, dans un mois oui, aujourd'hui non.

Cela devenait drôle.

Tout s'expliqua bientôt. Dans la lettre écrite par le principal, lettre que j'avais heureusement, il avait mis 12 *juillet* au lieu de 12 *août*.

L'erreur était sienne et il en rit.

Devant partir lui-même avec sa famille dans un jour ou deux, il décida, le lendemain, de me donner 10 livres sterling et de me tracer un itinéraire, que je pourrais parcourir avant de rentrer définitivement au collège, où les cours recommençaient seulement le 13 ou 14 août, beaucoup d'écoles irlandaises adoptant alors, et ayant peut-être encore, la division de l'année scolaire en deux moitiés à peu près égales.

Cette erreur ne me fâcha nullement.

*
* *

Le lendemain, je me mis en route.

D'Ennis j'allai à Limerick, puis à Foynes où le bateau qui descend le superbe et majestueux Shannon m'amena à Tarbet. Le jour suivant, je me rendis à Kilkee par la voiture. Kilkee est très fréquenté l'été pendant la saison des bains. La ville a peu d'importance, mais les rochers où la mer vient battre sont merveilleux. Ils sont étagés les uns au-dessus des autres comme les marches d'un gigantesque escalier, et au soleil couchant, dont les rayons empourprés tombent obliquement sur leur masse, ce sont alors des monceaux d'or et d'argent teintés de vert, de violet, de jaune et entassés les uns sur les autres comme des gradins.

Là encore personne ne semblait s'amuser beaucoup. Comme presque partout en Angleterre, les hommes ne peuvent se baigner où se baignent les femmes et encore moins avec les femmes ; c'est que la floraison du *cant* britannique est encore beaucoup plus rigoureuse en Irlande qu'en Angleterre, surtout aujourd'hui que la pudique Albion a jeté son bonnet et le reste par-dessus les moulins.

Le grand divertissement de Kilkee, à cette époque déjà reculée, c'était, la soirée venue, d'aller boire du lait sur la place publique. Tous les soirs, pendant l'été, des groupes de femmes apportaient du lait dans de jolis petits barils ouverts d'un bout et d'une exquise propreté. C'était champêtre et peu dispendieux ; malheureusement, après avoir bu du lait, les baigneurs — peut-être aussi quelques baigneuses — noyaient le lait dans des flots de whisky.

*
*   *

De Kilkee j'allai à Moher voir les superbes falaises de 700 pieds de haut plongeant à pic dans l'océan. De là l'*Irih car* me mena à Lisdoonvarna, où beaucoup de gens vont prendre les eaux. L'endroit est fort pittoresque, mais d'une mortelle tristesse. De Lisdoonvarna, je repassai à Ennis, puis allai à Killarney et à la baie de Bantry. Tout ce côté de l'Irlande est simplement ravissant, mais toujours triste et morne. J'allai aussi à Skibberin et à Innishannon, d'où je me rendis à Cork, dont le superbe port est toujours assez animé à cause des transatlantiques qui y relâchent à chaque instant.

De Cork, je me rendis à Clonmel, petite ville délicieusement assise au milieu d'une belle vallée, puis à Tipperary et retournai au collège, quatre ou cinq jours avant la rentrée.

*
* *

Un matin, avant le déjeuner, en lisant le journal, j'appris qu'une escadre anglaise était mouillée dans le Shannon à Tarbet. J'allai voir cela. Je me rendis à bord du cuirassé *Vanguard*, qui devait couler bas près de Dublin, à quelques jours de là.

Je commençais déjà à connaître un peu le caractère irlandais et cette connaissance me fut de la plus grande utilité. Il ne m'avait pas fallu bien longtemps pour découvrir que l'Irlandais a une assez forte dose de vanité et que, si l'on veut le mener et en faire ce qu'on veut, il suffit de le prendre par son côté faible.

*
*

Les élèves arrivèrent. La première impression que je reçus d'eux fut excellente.

Peu à peu elle devint moins bonne : c'est qu'il fallait avant tout être populaire, c'est-à-dire flatteur. Punir un élève, c'était encourir le blâme de ses condisciples. Un mois après le commencement du travail, un professeur fut obligé de quitter le collège pour avoir puni, très justement d'ailleurs, un élève, dont le père s'est depuis fait un nom considérable dans le trafic scandaleux des chevaux, lors de la guerre du Transvaal. Le pauvre professeur ne put plus faire de classe et bientôt il n'osa plus se montrer seul. Malheureusement pour lui c'était un petit homme malingre et fort pacifique. Tout cela ne me plut guère. Personnellement, je n'eus aucune raison de me plaindre.

Bientôt une autre chose m'étonna : c'était le changement perpétuel des professeurs. A la fin du premier mois, l'un d'eux s'en alla, comme je viens de le raconter. Quinze jours plus tard, deux autres professeurs quittèrent le collège pour des motifs futiles. Au mois de janvier suivant, j'étais le plus ancien des six, sauf un. Ces changements subits causaient peu d'embarras, le principal ayant toujours une liste de remplaçants prêts à venir d'un instant à l'autre.

*
* *

L'enseignement que recevaient les élèves de ce collège était certainement plus littéraire que celui donné en Angleterre dans les établissements du même genre. Il était même plutôt trop exclusivement littéraire. Tous les professeurs, sauf deux — un vieux et moi-même, — couchaient dans les dortoirs des élèves. A deux des coins de ces dortoirs, on avait placé quelques planches de cinq à six pieds de hauteur et de façon à avoir un espace de deux à trois mètres

carrés au plus. C'est dans des réduits obs-
curs de ce genre qu'on avait placé le lit et
la table de toilette des professeurs. Pour
porte il n'y avait qu'un rideau en toile de
Perse. On avait voulu me donner une de
ces belles chambres, mais je refusai net de
l'accepter, et on me laissa la chambre que
j'avais occupée avant la rentrée.

Une assez belle pièce était réservée aux
maîtres. Cette pièce était généralement une
sorte de pandemonium où tout travail était
impossible. Il y avait de nombreuses règles
à suivre pour être admis dans cette espèce
de club. D'abord il fallait fournir une quantité minimun de whisky, puis payer sa part
de location du piano et souscrire à l'achat
des journaux. Le soir, il fallait jouer au
whist et jouer de l'argent. Lorsqu'on me
présenta le règlement, je répondis que j'étais
tout prêt à souscrire à l'achat des journaux
et à la location du piano, bien que je ne
pusse m'en servir moi-même, mais que je

ne voulais ni jouer pour de l'argent, ni bien certainement contribuer à l'achat du whisky.

C'était, paraît-il, la première fois qu'il y avait opposition. Cela fit émoi. On parla de m'expulser, mais la chose ne paraissait pas facile à exécuter, sans qu'il en coûtât de bons atouts aux valeureux champions du whisky, et on fit silence. (On me permettra ici de dire que, pour être indépendant, il suffit de savoir dire *non*. Si l'on voulait essayer, on s'apercevrait bientôt que la chose est facile.)

J'ouvre encore une parenthèse : je n'étais pas meilleur que bien d'autres : loin de là, mais jamais je n'ai bu et jamais je n'ai joué pour de l'argent. Boire est d'abord extrêmement peu intelligent et jouer ne l'est guère moins. Plus tard, dans certains salons — j'ai failli écrire *maisons de jeu* — lorsqu'on a voulu me forcer à jouer pour de l'argent, j'ai demandé à ceux qui m'obsédaient s'ils avaient réellement besoin de faire passer mon argent dans leurs poches, et j'ai offert de leur donner 20, 30 ou 40 francs. On a pris cela pour une insulte, et on ne m'a plus invité, fort heureusement, ces salons ne valant pas la peine d'être fréquentés.

*
 * *

Les semaines se succédèrent et les vacances de Noël arrivèrent.

La veille de partir, à l'heure du dîner, c'est-à-dire à six heures, dîner que nous prenions en commun dans le réfectoire des élèves, le premier sujet du collège se leva un peu avant la fin du repas et fit un petit discours, dans lequel il exprima, en lieux communs, à l'égard des maitres, des sentiments qu'il était certainement loin de ressentir. Le principal lui répondit, et après lui ce fut le tour de tous les professeurs. Je compris alors pourquoi l'un des maîtres s'était absenté ce soir-là. Il avait voulu s'éviter cette corvée bête et ridicule.

Après le dîner et les *speeches*, les élèves se rendirent dans la grande salle de classe. Un certain mystère semblait y régner et quelque chose s'y préparait. Ce quelque chose, c'était le souper auquel on avait convié tous les professeurs.

A l'heure indiquée — neuf heures — je me rendis dans la grande salle. Les tables de classe étaient transformées en buffet, et je n'eus pas de peine à reconnaître que le souper projeté se composait surtout de bouteilles de whisky et de vin de Porto. Des boîtes pleines de cigares, de longues pipes de terre et du tabac en quantité étaient la preuve irrécusable que les élèves étaient passés maîtres dans l'art tabagique.

Le souper commença.

Les quelques assiettées de gâteaux furent bientôt englouties. On déboucha alors les bouteilles, et je vis bien encore, à la façon dont les élèves absorbaient le vin de Porto frelaté, qu'ils n'étaient pas novices en l'art bachique.

Un des plus jeunes élèves, un frais et rose diablotin de treize à quatorze ans, que je revois encore en ce moment comme il était alors, me présenta un cruchon d'une contenance de deux ou trois litres et me dit qu'il fallait que je goûtasse son *potteen*, — sorte de whisky fabriqué en fraude par un grand nombre de paysans irlandais, et qu'un non moins grand nombre de gens bien leur achètent sans le moindre scru-pule. Je me rendis à son désir et eus soin d'arroser la dose d'une quantité fort appré-ciable d'eau claire. Bientôt tous les élèves se mirent à boire et à fumer. Ce que j'avais prévu dès le commencement arriva, — c'était facile d'ailleurs. — Bientôt élèves et maîtres se ressentirent de ces fréquentes libations et commencèrent à déraisonner. Je saisis le moment où l'un des maîtres commençait son quatrième discours pour m'esquiver, et montai dans ma chambre. J'y trouvai le maître qui n'avait pas paru au dîner. Jamais il ne se mêlait à ces orgies. C'était un travailleur, et presque tous les soirs il venait fumer sa pipe chez moi, et nous passions quelques heures fort agréablement.

De ma chambre, nous entendions le bruit que faisaient élèves et maîtres. Bientôt ce fut, en bas, un brouhaha infernal ; des chansons se mêlaient à des hourras frénétiques et à des vociférations dignes de sauvages ivres.

Il était dix heures à peine.

Le tapage continua jusqu'à près de onze heures et demie, puis, bientôt après, un grand silence emplit l'air. Ce silence continuant, je descendis et invitai mon ami à m'accompagner.

— Non, me dit-il, allez-y tout seul; cela en vaut la peine. Quant à moi, qui suis si patriote, si Irlandais, de telles scènes m'écœurent, me navrent et me font à jamais désespérer de mon pays.

Je descendis seul, et, arrivé dans la grande salle, j'y vis une scène navrante en effet et inoubliable.

Le spectacle que j'avais sous les yeux était dégoûtant, ignoble. Partout s'étalaient les traces d'une brutale orgie. Les élèves dormaient pour la plupart, d'autres poussaient de temps en temps des cris et se débattaient comme si un démon les eût étreints. Ce n'était nulle part le sommeil de l'innocence, mais le sommeil de l'ivrogne. Les uns étaient étendus sur le plancher, d'autres assis sur des bancs où ils s'étaient maintenus, ces bancs étant placés entre les tables et la muraille qui formait une sorte de dossier. Trois des professeurs dormaient aussi, un autre buvait encore à même une bouteille de whisky, qu'il me tendit sans me reconnaître.

Tout cela était ignoble, dégoûtant, infâme, et tout cela se passait dans ce qui était alors la première école de l'Irlande, l'école où l'on recevait ce qu'on appelait les *gentlemen* du pays, l'école où plusieurs élèves portaient des noms historiques!

*
* *

Le lendemain matin, les élèves partirent en vacances. Leur mine disait assez de quelle façon ils avaient passé la nuit. Et les parents? me dira-t-on. Les parents! J'ai appris plus tard que plusieurs des parents dont les enfants étaient élevés dans ce collège, en avaient été élèves eux-mêmes dans leur jeunesse. L'un de ces pères me dit, peu de temps après, qu'il avait fait de même et qu'il ne s'en portait pas plus mal. Oui, peut-être, mais c'est à cause de cela que l'Irlande se porte si mal, et qu'elle continuera à se mal porter.

C'est ce même père qui, un soir que je dînais chez lui, me dit : « Vous parlez très bien anglais, mais vous avez l'accent beaucoup trop britannique, et vous employez toujours *shall* pour *will* et vice versa. » En effet les Irlandais ont la sottise de prétendre parler l'anglais mieux que qui que ce soit en Angleterre, et ils n'ont jamais pu se mettre dans la tête que ce sont eux, et non pas les Anglais, qui ne savent pas se servir des auxiliaires *will* et *shall*.

*
* *

J'allai passer trois semaines en France et revins à Ennis vers le milieu de janvier,

par un fort mauvais temps. Heureusement
le mois de février fut ravissant. Cela me
permit de faire de nombreuses excursions,
ayant beaucoup moins de travail qu'auparavant. Je pus ainsi mieux étudier les mœurs
des habitants. Cela fut facile, tant les Irlandais de toute classe se ressemblent. Pour la
première fois je compris que, si l'Irlande est
un malheureux pays, la faute n'en est pas
aux seuls Anglais.

A cette époque la question agraire était
revenue sur le tapis, et j'acquis bientôt la
conviction que les propriétaires les plus exi-
geants, les plus rapaces, les plus prompts à
faire évincer un malheureux paysan de sa
cabane de bauge, couverte de mottes de
gazon, sont ceux de race irlandaise. Il y
avait en ce moment même, à Ennis, deux
riches *landlords* qui ne sortaient jamais de
chez eux sans une escorte de quatre cons-
tables. J'en rencontrais souvent un en
allant à Coroffin. Il semblait préférer cet

endroit à tout autre, peut-être parce qu'il l'avait à moitié dépeuplé. Partout c'étaient des chaumières vides, d'où il avait évincé les locataires.

Quand on voit ces chaumières, sortes de retraites à porcs dont ne voudrait pour rien le plus pauvre de nos paysans, on se demande comment il peut se trouver des hommes assez dépourvus de tout sentiment humain pour extorquer un loyer pour ces bouges infects et, pis encore, pour avoir l'infamie de faire évincer les malheureux qui y végètent, parce qu'ils n'ont pas assez d'argent pour satisfaire ces mangeurs de chair humaine qui se disent chrétiens.

*
* *

Si on n'a vu ces habitations, on ne peut se faire une idée vraie de la misère en Irlande. Ces Irish *cabins* se composent souvent de quatre murailles de pierre sèche à peine hautes de 1 m. 50, sur lesquelles on fait porter une espèce de toiture formée de bouts de bois reliés entre eux par des harts et couverts de mousse ou de mottes de terre. Un trou pratiqué dans cette toiture tient lieu de cheminée, et le plancher n'est même pas de la terre battue. L'ameublement va de pair avec la *cabin* : un grabat servant de lit, et voilà tout. On n'y trouve pas de table, ou bien rarement.

Quand le paysan irlandais peut avoir un porc et des poules, c'est l'aisance. Une vache, c'est la richesse. Comme on doit être reconnaissant envers ceux qui nous font du bien, l'Irlandais témoigne sa reconnaissance à son porc en vivant avec lui. Par suite de ce contact avec les habitants du pays, la gent suidée de l'Irlande est aujourd'hui à la tête de la civilisation porcine.

Telle est la vie de beaucoup de gens dans ce malheureux pays d'Irlande. La

boisson y est à peu près le seul amusement, et personne ne cherche à y enrayer
les progrès effroyables de l'alcoolisme, et
ceux qui, par leur position, devraient donner au peuple l'exemple de la sobriété font
tout le contraire. J'ai souvent vu, en été, à
Ennis et autre part, le médecin, le notaire,
le directeur et les employés de la banque,
les professeurs des écoles, les officiers de la
police boire leur whisky en pleine rue. On
s'asseoit sur des bancs, en face d'une table
ou d'un tonneau vide sur lequel sont posés
les verres et les bouteilles. Après cela, y
a-t-il lieu de s'étonner que le peuple boive?

* ** *

A Pâques, nous eûmes quinze jours de
vacances. J'en passai douze dans le Conne-
marra, à Ballinakill, dans la famille d'un de
nos élèves dont le père était pasteur protes-

tant de l'endroit, M. Fleming. L'habitation, très confortable d'ailleurs, était dans un site ravissant. Ce pasteur était un fort bel homme, mais, comme l'indiquait son nom, il n'était pas de pure race irlandaise. Il vivait en patriarche, cultivait lui-même le peu de terres qu'il possédait et s'occupait de ses vaches et de ses brebis. C'est l'un des rares Irlandais de ma connaissance qui ne jugeait pas nécessaire de boire plusieurs verres de whisky tous les soirs avant d'aller se coucher.

Pour me rendre chez lui, je passai par Galway et revins par la même route, en faisant toutefois un crochet pour traverser le *Pays des Joyces*, pays sauvage et réellement fort pittoresque.

De Galway, je me rendis à Clifden — ville distante de Ballinakill d'environ deux lieues — par la voiture publique qui met sept à huit heures d'un endroit à l'autre. La route est bonne, le paysage triste mais grandiose,

sauf aux environs du joli village d'Oughter-
rard, près du superbe lac Corrib, lequel, vu
par un beau ciel, peut soutenir la comparaison avec les lacs italiens.

*
* *

L'été qui suivit fut fort beau, aussi le
temps passa-t-il très rapidement.

Le **23** juin dans la soirée, comme j'étais
allé me promener sur la route de Clare, je
ne fus pas peu surpris de voir les sommets
de toutes les collines d'alentour couvertes
d'immenses feux de joie, de l'effet le plus
pittoresque dans ce ciel opalin des interminables crépuscules des pays septentrio-
naux.

C'étaient les feux de la Saint-Jean, dont
j'avais entendu parler, mais que je n'avais
jamais vus.

*
* *

Quelques jours plus tard, le travail cessait et l'orgie habituelle avait lieu la veille des vacances. J'en avais assez de l'Irlande, ou plutôt des Irlandais de la classe dirigeante, mais je voulais voir le nord avant de quitter définitivement le pays.

Je me rendis encore une fois à Dublin, puis de là j'allai à Belfast, à Londonderry, Newtown, Limavady, Coleraine et enfin à la fameuse Chaussée des Géants, *Giants' Causeway*, dont je rêvais depuis mon jeune âge, me demandant toujours si je verrais jamais cette merveille. C'est, qu'en effet, il y en avait une fort belle estampe dans la chambre où je couchais étant enfant.

Je partis de Coleraine de grand matin et suivis une excellente route — les routes sont généralement bonnes en Irlande —

dont la pente est peut-être un peu trop rapide, surtout à partir de Bushmill. J'arrive enfin, et me voilà en présence de cette étonnante Chaussée.

Dans certains endroits, cette chaussée doit avoir au moins 150 mètres de large. Les fameuses colonnes basaltiques, si souvent représentées par la gravure, ne se voient que dans trois endroits, mais surtout à Fair Head, promontoire de 50 à 60 mètres de hauteur s'avançant hardiment dans la mer. Cette chaussée, bien nommée d'ailleurs, ressemble, au sommet, à une rue dont le pavage serait formé par la partie supérieure des colonnes basaltiques. On m'a dit que ces pierres sont au nombre de quarante à cinquante mille. Je veux bien le croire, mais je ne les ai pas comptées. La plupart des pierres sont hexagonales, mais d'autres sont des prismes à 5, 7, 8 et même 9 côtés. Il y a aussi une colonne triangulaire. Les piliers ont une épaisseur de 35 à 40 centimètres, et même plus, et les pierres qui les composent de 20 à 25 centimètres de hauteur, et elles s'emboîtent les unes dans les autres. D'ailleurs, elles sont loin d'être toutes de la même hauteur.

Pour voir la chaussée dans toute sa beauté, il faut monter d'abord sur le haut des rochers, puis descendre et la regarder d'en bas, et finalement sauter dans un canot et ramer vers l'est. Ce que l'on voit alors est merveilleux.

La transition des couleurs s'observe mieux de la mer; c'est de là aussi qu'on peut juger le mieux de la beauté extraordinaire de ces piliers serrés les uns contre les autres, et tantôt blancs, tantôt verts ou rouges, et parfois noirs.

Malheureusement, l'impression produite par la vue de ces merveilles est gâtée par l'homme, par ces hordes de sales et dégoûtants mendiants, parfois couverts de ver-

mine, qui pullulent alentour. Ils vous
assaillent et ne veulent pas vous laisser en
paix pendant cinq minutes. C'est d'ailleurs
partout la même chose en Irlande. Plus le
pays est beau, plus il est grandiose, plus le
voyageur voudrait le contempler à son aise
et s'en imprégner, plus les ignobles mendiants de profession y abondent, et le pire,
c'est que le mendiant irlandais n'a pas
même l'excuse d'être pittoresque ou intéressant. Pittoresque, il ne l'est certainement
pas. Il est au contraire repoussant et, de
plus, fort laid. Son profil simiesque le fait
ressembler à un animal plutôt qu'à une
créature humaine. Intéressant, il l'est moins
encore. C'est un vil flatteur, qui devient en
un instant un grossier personnage, si on ne
lui donne rien.

Voilà pourquoi l'Irlande est si peu fréquentée par les touristes, quoique le pays
soit superbe. Les hôtels aussi y sont généralement chers, et cela ne veut pas dire

qu'ils soient bons, car, dans beaucoup d'entre eux, la propreté, même élémentaire, est inconnue. Le touriste y est rançonné par les patrons, rançonné par les domestiques, et pour y être à peu près bien, il faut savoir ou pouvoir délier les cordons de sa bourse à chaque instant.

*
* *

Je retournai à Belfast d'où je partis pour Glasgow et la ravissante ville d'Édimbourg. Quel contraste! Comme l'on voit de suite que l'Écosse est habitée par une race de travailleurs, une race d'hommes qui, pour n'avoir pas les côtés brillants et superficiels des Irlandais, possède la volonté à un haut degré; qui, au lieu de déplorer les malheurs d'un passé irrévocable, travaille dans le présent et pour l'avenir, et est devenue la première race des Iles Britanniques.

D'Édimbourg je me rendis à Hull, sur la côte anglaise, et de là à Hambourg pour passer le reste de mes vacances en Allemagne, c'est-à-dire environ cinq semaines.

J'étais bien décidé à ne pas retourner en Irlande. De plus, j'avais l'intention de me caser près de Londres, à cause de certains travaux commencés aux Indes et pour l'achèvement desquels une grande bibliothèque m'était indispensable. Or, étant près de Londres, j'avais la superbe collection du *British Museum*, si bien cataloguée qu'on y trouve un ouvrage en rien de temps — nos bibliothécaires feront bien de noter ceci en passant. Je pourrais aussi travailler à la bibliothèque du Ministère des Indes — *India Office Library* — où se trouve une fort belle collection d'ouvrages sur l'Orient.

En attendant, j'étais en Allemagne et y travaillais ferme, tout en y jouissant de la vie et du superbe temps qu'il faisait.

XV

Je revins en Angleterre vers le 10 septembre de cette année 1876, qui devait être
pour moi l'année décisive de mon existence.

J'étais depuis quelques jours en correspondance avec plusieurs principaux de collèges; et je ne me faisais pas de mauvais
sang, sachant qu'avec de bons certificats
rien n'est plus facile que de trouver une
place dans les écoles anglaises.

J'étais à Londres depuis deux heures à
peine, lorsqu'en sortant pour mettre une
lettre à la poste je rencontrai un des professeurs du collège d'Ennis, en Irlande. Il
était logé tout près de moi et, lui aussi,
cherchait une place: mais, comme il n'avait

jamais occupé un poste pendant trois mois consécutifs, ses certificats n'étaient guère en sa faveur. Cela ne l'empêchait pas d'être un jeune homme fort capable et un poète de grand avenir, si le travail ne lui eût manqué — les poèmes publiés par lui sont, en effet, la preuve incontestable de son talent.

Au mois de juin précédent, mon jeune ami avait remplacé un professeur malade dans une des plus grandes écoles des environs de Londres, à Harrow. Tout avait bien marché pendant un mois. Un jour, le principal eut la malencontreuse idée de le faire appeler dans son cabinet, après la classe, pour lui dire que son cours de latin était beaucoup trop littéraire pour de jeunes élèves, et plutôt à la hauteur d'une classe de rhétorique que d'une classe de cinquième.

Au lieu de prendre ce compliment comme il aurait dû le faire, il répondit au principal que puisque son enseignement ne lui convenait pas, il ne remettrait pas les pieds dans sa classe. Le principal chercha à lui montrer la folie d'une telle décision mais n'y réussit pas. Mon Irlandais ne retourna pas au collège, ne demanda même pas ses appointements pour le mois qu'il avait donné, et emprunta de l'argent à ses amis en attendant d'avoir une place. C'était là ce qu'il appelait faire preuve de caractère et d'indépendance.

J'allai prendre le thé chez lui.

Nous nous étions à peine assis, que quelqu'un frappa à la porte et entra avant d'en être prié.

Le nouveau venu avait au moins 1 m. 90 de haut, mais il était d'une maigreur extraordinaire. Il avait de longs bras, de longues mains et des jambes prodigieusement longues et grêles. Le buste était court, la poitrine rentrée. Une petite tête de singe montée sur un long cou, mince et jaune, complétait l'individu. Il était Irlandais, et il y paraissait bien à sa mâchoire prognathe et à sa lèvre supérieure d'une longueur démesurée.

Il était grand ami du jeune Irlandais, et d'ailleurs il était l'ami de tous ceux qui voulaient bien faire bourse commune avec lui.

Cet homme singe riait, ou plutôt grimaçait perpétuellement et vous regardait toujours de côté, en s'effaçant lui-même. Son parler était enjôleur. Jamais il n'élevait la voix, et, quand on lui posait une question à laquelle il ne voulait pas répondre, il riait d'un rire saccadé et strident.

Cet homme, que je devais revoir bien souvent et que j'appris à mépriser de plus en plus, nous apportait une nouvelle. Un de ses amis, principal d'une grande école à une lieue de Londres, avait deux places vacantes, et, selon toute apparence, nous dit-il, nous étions ceux qu'il fallait pour les occuper.

— Si vous voulez, ajouta-t-il, je vous mènerai chez mon ami, demain matin.

La proposition fut acceptée, et le lendemain même, un dimanche, nous partîmes à pied pour Ealing, où nous ne tardâmes pas à arriver.

*
* *

Nous nous arrêtâmes en face d'une jolie maison d'habitation, devant laquelle s'étendait un fort grand jardin avec une superbe pelouse entourée de beaux massifs d'arbustes. Pour arriver à la porte d'entrée il fallait gravir un perron de huit à dix marches, ce qui donnait à l'habitation une fort belle apparence.

Notre introducteur ayant demandé à voir le principal, M. Morcambe, on nous fit entrer dans la bibliothèque, jolie pièce où s'étalaient, sur des rayons poudreux, deux ou trois mille volumes qui ne l'étaient pas moins.

Le principal entra.

C'était un petit homme bien bâti, vif, alerte et d'une figure très agréable et très belle.

Il était évidemment d'origine juive.

Nous causâmes de diverses choses et nous en vîmes finalement à ce qui nous intéressait le plus : les places. J'appris en même temps que notre introducteur avait été professeur dans ce collège, pendant deux mois environ, en remplacement d'un professeur tombé malade, mais que son incapacité notoire et l'impossibilité dans laquelle il était de se faire obéir des élèves, l'avaient fait évincer. Le principal, qui l'avait jugé depuis longtemps, lui conseilla, en riant, de se faire pasteur de l'Église anglicane. Cet individu devint, en effet, pasteur quelques années plus tard, dans une colonie anglaise.

C'était un homme de rien, un de ces

décavés honteux de porter un vieux paletot, mais qui n'hésitent pas à vivre aux
dépens de tout le monde et parfois à s'em-
parer de ce qui ne leur appartient pas,
comme il le fit, quelque temps après, en
décampant avec un pardessus à moi, tout
neuf, et avec la montre et la chaine de
mon ami le jeune Irlandais, qu'il se fit
prêter et qu'il ne rendit jamais.

*
* *

Le principal nous invita au *luncheon*,
mais rien ne fut décidé quant aux places,
et je vis bien aussi que la recommanda
tion de l'homme singe ne pouvait guère
nous être utile, mais plutôt le contraire.
Il y avait un professeur de français, donc
on n'avait pas besoin de moi. Il fallait, il
est vrai, un professeur d'allemand capable
d'enseigner du latin et du grec, et, là,

j'avais une chance, sur laquelle d'ailleurs
je ne comptais pas.

Nous rentrâmes à Londres dans la
soirée, et le lendemain je ne songeais plus
à ma visite lorsqu'en furetant dans une
boutique de bouquiniste — dans Holywell
Street, aujourd'hui disparue — je rencontrai ma connaissance de la veille. Nous
échangeâmes quelques paroles et nous
nous quittâmes, sans nous douter qu'une
heure plus tard nous allions nous retrouver encore, face à face, dans un autre
local et en passant par des routes diffé-
rentes.

*
* *

M'étant rendu au *College of Pre-
ceptors* pour causer avec le secrétaire,
j'appris qu'un principal désirait voir personnellement un professeur d'allemand

sachant suffisamment le latin et le grec, mais que ce professeur n'était pas facile à trouver en ce moment. Je consentis à l'entrevue et j'attendis l'arrivée de ce principal.

Dix minutes plus tard, on me pria de passer dans une pièce latérale, où je vis M. Morcambe, qui ne fut guère moins surpris que moi.

Il me posa plusieurs questions, examina mes certificats avec attention, surtout celui du principal du collège d'Ennis, en Irlande, qui lui sembla excellent. Rien ne fut décidé, cependant, M. Morcambe désirant écrire au principal du collège d'Ennis.

Nous partîmes ensemble, lui pour retourner chez lui, moi pour aller chez un autre agent.

Le temps, en effet, se passait et, bien que j'eusse deux ou trois situations en vue, je n'en avais encore aucune d'assurée.

*
* *

Quatre jours s'écoulèrent sans aucune nouvelle, et je songeais déjà à aller dans le pays de Galles où l'on m'offrait une place peu à mon gré, il est vrai, mais enfin assez lucrative, lorsque j'appris du principal du collège irlandais qu'il avait donné sur moi des renseignements très favorables. J'attendis donc encore une lettre de M. Morcambe. Cette lettre n'arrivant pas, j'allais finalement accepter le poste dans le pays de Galles mais remis ma réponse finale au soir. C'est que quelque chose m'attirait à Ealing et puis je désirais être près de Londres. M. Morcambe me plaisait beaucoup aussi. Il est vrai qu'il y avait un lien entre nous. Il prenait un vif intérêt aux choses de l'Orient, surtout aux langues, et en particulier au sanscrit, dont je m'occupais beaucoup moi-même, depuis mon séjour aux Indes, et c'est cela qui nous avait conduits tous deux chez le bouquiniste.

Ce jour-là, j'étais encore dans Holywell Street, cette rue des bouquinistes dont j'ai déjà parlé et où la pudique Albion étalait alors des choses plus ou moins décentes, mais témoignant toutes de la haute prévoyance des Anglais. Je savais que M. Morcambe venait chez son bouquiniste presque tous les jours pendant les vacances et je croyais l'y rencontrer encore. Mon attente ne fut pas déçue. M. Morcambe parut surpris de me voir.

Après les compliments d'usage, toujours fort courts en Angleterre, il me demanda pourquoi je n'avais pas répondu à sa lettre.

— Quelle lettre?

— Celle d'il y a deux jours au moins et par laquelle je vous offrais la place vacante.

N'ayant reçu aucune lettre, je suggérai la possibilité d'une adresse inexacte ou d'une lettre perdue, ou laissée dans une poche.

Cela fut pour lui un indice. Il fouilla

dans ses poches et découvrit la lettre à moi destinée.

Tout s'expliqua. J'acceptai le poste : il était bon et, de plus, promettait d'être agréable.

M. Morcambe m'invita à aller chez lui pour prendre le thé et causer affaires. J'acceptai. On me retint à dîner. Toute la famille fut charmante. Nous passâmes une soirée fort agréable et je ne rentrai à Londres qu'après minuit.

*
* *

Deux jours plus tard, jour de la rentrée, je me rendis à Ealing dans l'après-midi.

J'étais déjà en pays de connaissance, comme on le sait.

Je fus présenté à mes deux collègues, puis étant invité à prendre le thé avec la famille, j'allai faire un bout de toilette.

Le temps était superbe ce jour-là. C'était le 20 septembre, un mercredi, je crois, jour anniversaire de ma naissance. Je descendis et entrai dans cette salle à manger que je connaissais déjà.

Ce qui m'étonna le plus en y entrant, ce fut d'y trouver une jeune fille inconnue dont les cheveux blonds, dorés par les rayons obliques du soleil couchant pénétrant par une large fenêtre, formaient une auréole autour d'une figure des plus sympathiques et des plus gracieuses.

Je la saluai. Elle me rendit mon salut.

M. Morcambe entra et me présenta à elle. C'était une des amies des jeunes filles et elle habitait l'endroit.

Le lendemain je commençai mon travail. Bientôt mes efforts pour mettre un peu d'ordre et de méthode dans l'école furent fort appréciés. Seulement dans le camp des domestiques ce fut un vrai désarroi. Au lieu de se lever à peu près comme ils voulaient et de nous faire déjeuner à des heures fantastiques — quelquefois à neuf heures et demie — j'entrepris de réveiller les bonnes le matin à cinq heures et demie en sonnant une petite cloche placée dans leur chambre. Quant au domestique mâle, je le faisais sauter à bas du lit, devant moi, et lui donnais cinq minutes pour se vêtir. A six heures et demie la cloche du lever des élèves sonnait. Bientôt le voisinage régla ses pendules sur la cloche de notre collège. Cela n'était pas arrivé depuis longtemps. M. Morcambe, malgré son intelligence hors ligne, n'était pas organisateur; sa femme était pire encore.

Toutes ces réformes avaient été convenues entre nous, le soir même de mon arrivée. J'avais entrepris de transformer le chaos en ordre, il n'avait fallu pour cela qu'un peu de volonté.

Les semaines s'envolèrent rapidement et j'étais fort heureux dans ce collège où j'étais d'ailleurs traité avec de grands égards, et puis, les deux grandes filles du principal ayant beaucoup d'amies dans la ville, la société ne manquait pas.

*
* *

Vers le milieu du trimestre, le principal décida de consacrer les deux soirées précédant les vacances à une représentation d'un drame de Shakespeare. Il s'entendait admirablement à ces choses. La pièce choisie fut *Richard II*, non pas quelques scènes détachées, mais la pièce complète, ou du moins la pièce comme on la donne au théâtre. Les rôles d'hommes furent distribués aux grands, ceux de femmes à des demoiselles de l'endroit, au nombre desquelles se trouvait la jeune fille aux cheveux d'or entrevue le premier jour et revue bien souvent depuis, et qui la première fit bientôt vibrer dans mon cœur une corde jusque-là insensible à tous les charmes.

Je fus chargé des décors et de l'arrangement des costumes, et j'allai choisir ces derniers à Londres. La pièce où je brossais mes toiles ouvrait de plain pied sur le jardin, avec lequel elle communiquait directement par une porte latérale. Par là on m'apportait tout ce qui m'était nécessaire pour travailler, par là aussi plusieurs des jeunes actrices venaient me voir peindre. De ce nombre était la jeune fille entrevue le premier jour. Je l'avais surnommée *la Duchesse de Gloucester*. C'était son rôle, et il allait bien à sa figure fine et aristocratique. La *Duchesse* n'était pas la moins assidue à me faire visite, et ce n'était pas non plus celle que j'avais le moins de plaisir à voir arriver dans mon atelier.

* * *

Les choses allaient ainsi depuis quelques semaines, et je finissais mon dernier décor, celui que j'avais gardé pour la fin comme étant le plus difficile à composer : le camp de Bolingbroke, près de Bristol.

Or, un matin j'étais en train de travailler lorsque la *Duchesse* entra dans mon atelier improvisé. Le décor fut bientôt abandonné, et nous nous mîmes d'abord à causer comme nous le faisions depuis quelques jours, à causer de je ne sais quoi, puis à nous regarder, moi je ne sais comment, elle avec ses yeux bleus calmes mais pleins d'amour. Nous étions près l'un de l'autre, appuyés contre une table ; tous deux maintenant silencieux. Je pris la main de la *Duchesse*, puis nos yeux se rencontrèrent et l'instant d'après je la pressai sur mon cœur sans qu'elle s'en défendit et cueillis sur ses lèvres virginales ce premier baiser inoubliable, commencement de cette communion de nos âmes qui dure depuis trente-cinq ans.

*
* *

Que dirais-je de plus?

Rien pour l'instant.

Alors pourquoi ce livre?

D'abord écrit pour mes propres enfants, qui l'ont lu maintes fois, des amis intimes, et probablement trop indulgents, m'ont persuadé qu'il contenait des enseignements utiles.

Sont-ils dans l'erreur? Le verdict du public le dira.

Quant à moi, j'ai cru qu'à une époque où l'énergie manque un peu à une certaine classe de Français, il ne serait peut-être pas mal à propos de montrer ce que l'on peut faire avec de la volonté. Je n'entrerai pas ici dans de grands détails au sujet des trente et quelques années qui ont suivi mes années de jeunesse, mais j'ajouterai seulement que, si je n'ai pas fait fortune, néanmoins j'ai réussi, par le travail et la volonté, à acquérir une réputation durable et à remplir des fonctions auxquelles mes débuts dans la vie ne me permettaient pas d'aspirer, surtout dans un pays étranger où je ne connaissais âme qui vive.

C'est, en effet, par le seul travail et la seule énergie que j'ai pu arriver à occuper, en Angleterre, des fonctions à peu près uniques, et que le nom que je m'y suis fait m'a permis de fréquenter, en France, l'élite de la société intellectuelle et, en Angleterre, la plus haute société.

Puisque j'écris sous un pseudonyme qui, jusqu'ici, a complètement masqué mon identité, bien qu'il ait fait un certain bruit en France et à l'étranger, qu'il me soit permis de dire à nos jeunes Français que je n'ai jamais été un vaniteux ou un vulgaire ambitieux. J'ai toujours cru au travail et à la persévérance, et les obstacles ne m'ont jamais rebuté. Ce sont les ambitieux de bas étage qui prétendent que les obstacles les ont empêchés d'arriver au succès. Quand on n'a pas réussi, il faut se mettre de nouveau à la tâche, ne pas pleurnicher ou se laisser écraser, mais se raidir contre la mauvaise fortune, lutter contre elle, lutter toujours, jusqu'à ce qu'on soit vainqueur.

Obligé de recommencer la vie à un âge ou beaucoup ne songent qu'à la retraite, et auquel on prétend qu'il est impossible de la recommencer cette vie, celui qui écrit ces lignes s'est mis de nouveau au travail, a recommencé la vie et, qui plus est, l'a recommencée sans broncher, sans se plaindre et avec un succès qui lui a attiré des louanges, même de ses envieux. Ce qu'il faut, c'est être homme, c'est s'efforcer d'être une grande âme. Or, une grande âme ne se laisse jamais abattre : elle se montre grande surtout dans le malheur, lorsqu'elle se raidit contre l'adversité et qu'au lieu d'accuser le destin elle se retrempe dans le silence et le recueillement et se prépare de nouveau à la lutte.

Ne devenons donc pas une race de pleurnicheurs, d'efféminés. Reprenons-nous et résolvons de n'être plus la nation vaincue, qui courbe la tête quand elle voit se lever le fouet. Parlons en hommes et faisons comprendre à tous que nous ne voulons pas nous laisser écraser. Regardons bien en face les dangers qui nous menacent et souvenons-nous que ce qui a été accompli par cette Allemagne un peu trop crainte

aujourd'hui — et bien à tort — a été le résultat de l'énergie d'une poignée d'hommes,
de quelques patriotes, qui ont su tirer de
leur torpeur et de leur apathie toutes ces
lourdes et grossières populaces de l'Allemagne qui ont fini par chasser Napoléon de
leur pays, puis plus tard ont affranchi et
rendu prospère le *Vaterland*.

Imitons certainement ce qu'il y a de bon
dans l'éducation anglaise, tout en restant
Français, et sachons si ce que nous imitons
est réellement bien anglais. C'est que beaucoup trop de farceurs, qui ne connaissent
guère plus l'Angleterre que je ne connais le
Kamshatka, nous racontent des choses sur
ce pays qui ne sont rien moins que vraies.
Je vais sans doute étonner le lecteur en
lui disant que ce qu'il devrait imiter des
écoles anglaises, c'est l'instruction artistique, laquelle, malgré les cours pitoyables
que l'on fait sur l'art, n'existe pas encore
en France. L'Anglais a compris, bien

avant nous, que l'art a une valeur et il laisse aux élèves de ses écoles des loisirs pour cultiver l'art : surtout peinture et musique. Ne vous en déplaise, il y a infiniment plus de culture artistique en Angleterre que chez nous, et il est malheureusement facile de prouver cette thèse. Nous nous berçons dans l'idée fausse que nous sommes une nation d'artistes, tandis que nous avons tout au plus quelques notions d'art. A-t-on jamais entendu de la musique, même très ordinaire, dans nos villages ou dans nos petites bourgades? Le seul amusement qu'on y trouve, c'est le cabaret. Allez en Angleterre, en Allemagne et autre part, et dites-moi si les choses ne sont pas mieux arrangées. Faisons donc quelque chose d'utile pour le pays et ne nous bornons pas à imiter les seuls sports anglais parce que c'est bon genre. Parlons français, ou anglais, mais abandonnons ce jargon absurde qui passe pour *chic* dans une certaine classe, et qui est tout simplement l'indice d'une mentalité peu élevée. Ne parlons plus de *uppercuts*, de *weights*, de *highlife*, de *up-to-date people*, de *music-halls* et cent autres ; portons des habillements français, au lieu d'habillements soi-disant anglais faits par des tailleurs allemands ou hongrois, et que les dames françaises se souviennent que Worth était Anglais et Redfern Autrichien, ou bien alors ne disons plus rien des modes parisiennes. Soyons Français et restons Français, sous peine de déchoir et de passer pour des pauvres d'esprit.

Imitons les Anglais, les Allemands, les Chinois si vous voulez, mais ne nous rabaissons jamais nous-mêmes. Ne dénigrons pas à tort et à travers, mais faisons comprendre à nos enfants que, si bien des choses laissent à désirer dans ce beau pays de France, la patrie française n'en est pas moins la terre des grandes idées et des grands guerriers.

Tandis qu'en Allemagne et en Angleterre des poètes s'efforcent de faire aimer le
pays, et que par leurs poésies ils exaltent
l'amour de la patrie, des poètes français,
des soi-disant intellectuels qui se disent
Français, emploient leur talent à ridiculiser
ce même amour de la patrie, sans lequel
nous cesserions d'être des Français pour
être des cosmopolites, c'est-à-dire des in-
différents. Au lieu de crier « A bas la
France! » avec tous les étrangers qui en
veulent l'extermination, avec certains intellectuels pour qui *France* n'est qu'un vain
mot, qu'une chimère, crions avec tous les
braves gens : « Vive la France! »

FIN

PARIS

TYPOGRAPHIE PLON-NOURRIT ET Cie

RUE GARANCIÈRE, 8